Heinrich Bürgel / Sozialhilferecht

Sozialhilferecht

Eine gemeinverständliche Einführung
in das Bundessozialhilfegesetz

Von

Dr. Heinrich Bürgel

Regierungsrat

DUNCKER & HUMBLOT / BERLIN

Alle Rechte vorbehalten
© 1966 Duncker & Humblot, Berlin 41
Gedruckt 1966 bei Alb. Sayffaerth, Berlin 61
Printed in Germany

Inhalt

	Seite
Einleitung	7
1. Kapitel: Aufbau und allgemeine Grundsätze des Bundessozialhilfegesetzes	9
2. Kapitel: Die Regelsätze und ihre Bedeutung im Sozialhilferecht	12
3. Kapitel: Hilfe zum Lebensunterhalt	15
4. Kapitel: Allgemeine Grundsätze für die Hilfen in besonderen Lebenslagen	30
5. Kapitel: Hilfe zur Pflege	35
6. Kapitel: Tuberkulosehilfe	37
7. Kapitel: Krankenhilfe	39
8. Kapitel: Eingliederungshilfe für Behinderte	40
9. Kapitel: Blindenhilfe	42
10. Kapitel: Vorbeugende Gesundheitshilfe	44
11. Kapitel: Ausbildungshilfe	45
12. Kapitel: Hilfe für Gefährdete	47
13. Kapitel: Hilfe zur Weiterführung des Haushalts	49
14. Kapitel: Altenhilfe	50
15. Kapitel: Hilfe zum Aufbau oder zur Sicherung der Lebensgrundlage	51
16. Kapitel: Hilfe in anderen besonderen Lebenslagen	52
17. Kapitel: Behördenaufbau	53
18. Kapitel: Die Kosten der Sozialhilfe	56
19. Kapitel: Die Verbände der freien Wohlfahrtspflege	58
20. Kapitel: Von der Armenpflege zur Sozialhilfe — ein geschichtlicher Rückblick	60
21. Kapitel: Das Verfahren bei Gewährung von Sozialhilfe	63

Anhang:
1. Übersicht über die Rechtsquellen zum Sozialhilferecht 65
2. Das Bundessozialhilfegesetz in der ab 1. Oktober 1965 geltenden Fassung 65
3. Stichwortverzeichnis zum Bundessozialhilfegesetz 111
4. Übersicht über die geltenden Regelsätze nach dem Stand vom 1. Juni 1966 118

Abkürzungen

AVAVG	=	Gesetz über Arbeitsvermittlung und Arbeitslosenversicherung
BGB	=	Bürgerliches Gesetzbuch
BSHG	=	Bundessozialhilfegesetz
BVerwG	=	Bundesverwaltungsgericht
DVBl	=	Deutsches Verwaltungsblatt
LAG	=	Lastenausgleichsgesetz
LG	=	Landgericht
MDR	=	Monatsschrift für Deutsches Recht
ND	=	Nachrichtendienst des deutschen Vereins für öffentliche und private Fürsorge
OVG	=	Oberverwaltungsgericht
RVO	=	Reichsversicherungsordnung
StGB	=	Strafgesetzbuch
VG	=	Verwaltungsgericht
VGH	=	Verwaltungsgerichtshof
VGO	=	Verwaltungsgerichtsordnung
ZfS	=	Zeitschrift für Sozialhilfe

Einleitung

Das Bundessozialhilfegesetz, das am 1. Juni 1962 in Kraft getreten ist, soll auch den Bevölkerungskreisen, denen wegen der Wechselfälle des Lebens oder wegen eines persönlichen Mißgeschicks die Teilnahme am wirtschaftlichen Aufschwung in den vergangenen Jahren versagt geblieben ist, ausreichende Lebensmöglichkeiten sichern und vor allem den *notwendigen Lebensunterhalt*, eine angemessene *Berufsausbildung*, *ärztliche Betreuung* im Krankhaitsfalle und *Pflege* im Alter gewährleisten, wenn die notwendigen finanziellen Mittel für eine eigene wirtschaftliche Existenz fehlen. Die Bedeutung dieses Gesetzes für jeden Staatsbürger, sei er selbst Hilfesuchender oder sei er Steuerzahler, ergibt sich schon aus der Tatsache, daß im Jahre 1963 an 2,1 Mill. Hilfeempfänger insgesamt 1,86 Mrd. DM an Sozialhilfe gezahlt worden sind. *Jeder 28. Bürger* in der Bundesrepublik hat also Sozialhilfe beantragt und erhalten, und eine Vielzahl von Verwaltungsbeamten haben jeden einzelnen Antrag bearbeitet und das Gesetz zugunsten des Hilfesuchenden angewendet.

In den vergangenen drei Jahren sind zum Bundessozialhilfegesetz, das selbst in seinem Aufbau nicht leicht zu lesen ist, noch zahlreiche Ausführungsvorschriften erlassen worden, durch die das Recht der Sozialhilfe noch unübersichtlicher geworden ist. Auf Bundesebene sind bisher *sieben Rechtsverordnungen* erlassen worden, *jedes Bundesland hat ein eigenes Ausführungsgesetz* zum Bundessozialhilfegesetz erlassen, und schließlich sind ebenfalls auf Länderebene zahlreiche *Durchführungsbestimmungen* ergangen, die bei Anwendung des Bundessozialhilfegesetzes nicht außer acht bleiben dürfen.

Diese Schrift ist dazu bestimmt, sowohl den Hilfesuchenden wie auch den Verwaltungsbeamten im Sozialamt und nicht zuletzt all denen, die im Rahmen der freien Wohlfahrtspflege den Hilfesuchenden mit Rat und Tat zur Seite stehen wollen, den Zugang zum Recht der Sozialhilfe zu erleichtern. Wenn der Leser sich mit den Zusammenhängen und mit der Bedeutung der einzelnen Hilfearten vertraut gemacht hat, wird es ihm nicht schwerfallen, das Gesetz selbst mit seinen zahlreichen Durchführungsbestimmungen auf den einzelnen Fall anzuwenden.

Dieser Schrift liegt das Bundessozialhilfegesetz in der Fassung zugrunde, die es durch die 1. Novelle vom 31. August 1965 erhalten hat.

Im Interesse der Übersichtlichkeit wurde vielfach darauf verzichtet, auf jede Einzelheit des Gesetzes einzugehen. Dem Leser wird daher empfohlen, bei der Durcharbeitung jeweils den im Anhang abgedruckten Gesetzestext mitzuverwenden. Die verschiedenen Hilfearten werden in Abweichung vom Gesetz in der Reihenfolge ihrer finanziellen Bedeutung behandelt, wobei die statistischen Zahlen den Heften Wirtschaft und Statistik 1964 Nr. 8 und 1965 Nr. 5 entnommen worden sind.

1. Kapitel

Aufbau und allgemeine Grundsätze des Bundessozialhilfegesetzes

1. Abschnitt: Aufbau des Bundessozialhilfegesetzes

Damit bei den verschiedenartigen Notständen im menschlichen Leben eine individuelle und wirksame Hilfe geleistet werden kann, unterscheidet das Gesetz verschiedene Arten von Sozialhilfe, die der Höhe nach jeweils verschieden ist und die unterschiedliche Voraussetzungen haben. Folgende Hilfearten, deren Zweckbestimmung schon aus der Bezeichnung zu ersehen ist, sind vorgesehen:

1. Hilfe zum Lebensunterhalt
2. Hilfe zum Aufbau oder zur Sicherung der Lebensgrundlage
3. Ausbildungshilfe
4. vorbeugende Gesundheitshilfe
5. Krankenhilfe
6. Hilfe für werdende Mütter und Wöchnerinnen
7. Eingliederungshilfe für Behinderte
8. Tuberkulosehilfe
9. Blindenhilfe
10. Hilfe zur Pflege
11. Hilfe zur Weiterführung des Haushalts
12. Hilfe für Gefährdete
13. Altenhilfe
14. Nach § 27 Absatz 2 BSHG kann Hilfe auch in anderen besonderen Lebenslagen gewährt werden, wenn sie den Einsatz öffentlicher Mittel rechtfertigen.

Die Hilfearten Nr. 2 bis Nr. 14 werden vom Gesetzgeber „*Hilfen in besonderen Lebenslagen*" genannt. Hier werden besonders großzügige Maßstäbe angelegt, um jedem Bürger eine angemessene *Schul- und Berufsausbildung, ärztliche Hilfe* einschließlich aller erforderlichen *Medikamente, Kuren* und *technischen Hilfsmittel* wie z. B. Hörgeräte und Brillen im Krankheitsfalle und ausreichende *Pflege im Alter* zu gewährleisten.

2. Abschnitt: Allgemeine Grundsätze des Sozialhilferechts

Für alle Hilfearten — für die Hilfe zum Lebensunterhalt wie für die Hilfe in besonderen Lebenslagen — gelten folgende drei wichtige allgemeine Grundsätze des Sozialhilferechts:

1. Zuerst ist hier der in § 2 BSHG niedergelegte Grundsatz des *Nachranges der Sozialhilfe* zu nennen. Sozialhilfe wird danach nur gewährt, wenn der Hilfesuchende

   — sich nicht selbst helfen kann,

   — die notwendige Hilfe nicht bereits von anderen erhält,

   — diese Hilfe von anderen auch nicht *rechtzeitig* erhalten kann.

   Der Hilfesuchende ist verpflichtet, seine Arbeitskraft, sein Einkommen und sein Vermögen innerhalb gewisser Grenzen, die bei jeder einzelnen Hilfeart verschieden sind, einzusetzen, bevor Sozialhilfe in Anspruch genommen wird. Leistungen anderer Stellen werden grundsätzlich auf die Sozialhilfe angerechnet. Eine Ausnahme gilt nur für die sogenannten „zweckbestimmten Leistungen" nach § 77 BSHG (z. B. für die als eine Art Schadensausgleich anzusehende Grundrente nach dem Bundesversorgungsgesetz) und für Zuwendungen der freien Wohlfahrtspflege und von Privatpersonen in den Grenzen des § 78 BSHG. Die Beantwortung der Frage, ob der Hilfesuchende die notwendige Hilfe auch von anderen Stellen rechtzeitig erhalten kann, setzt gründliche Kenntnisse des gesamten Sozialrechts voraus. Im Krankheitsfall ist z. B. zu prüfen, ob Ansprüche gegen eine Krankenkasse bestehen, bei einem Arbeitsunfall können Ansprüche gegen den Träger der Unfallversicherung gegeben sein und in Fällen von Arbeitsunfähigkeit sind mögliche Rentenansprüche gegen die Träger der gesetzlichen Rentenversicherung zu untersuchen. Jede Verweisung des Hilfesuchenden an eine andere Stelle ist jedoch unzulässig, wenn die erforderliche Hilfe von dort nicht rechtzeitig gewährt werden kann. In diesem Falle besteht eine Vorleistungspflicht nach dem Bundessozialhilfegesetz.

2. Von erheblicher Bedeutung für den Hilfesuchenden ist, daß nach § 4 Absatz 1 BSHG grundsätzlich ein *Rechtsanspruch* auf Sozialhilfe besteht. Folgende Hilfearten *„sollen"* gewährt werden, dürfen also nur bei ganz besonderen Umständen versagt werden: vorbeugende Gesundheitshilfe, Hilfe zur Weiterführung des Haushalts, Hilfe für Gefährdete, Altenhilfe, Ausbildungshilfe zum Besuch einer Hochschule oder einer Einrichtung des zweiten Bildungsweges und bestimmte Sonderleistungen der Tuberkulosehilfe. Lediglich die Hilfe zum Aufbau oder zur Sicherung der Lebensgrundlage ist eine *„Kann-Leistung"*.

3. In § 3 und § 4 Absatz 2 BSHG ist der für das gesamte Soizalhilferecht sehr wichtige *Individualisierungsgrundsatz* festgelegt, wonach über Form und Maß der Hilfe nach pflichtgemäßem Ermessen zu entscheiden und dabei auf die Besonderheiten des Einzelfalles sowie auf die Wünsche des Hilfesuchenden Rücksicht zu nehmen ist. Besonderen Wert legt das Gesetz nach § 7 BSHG auf eine familiengerechte Hilfe. Hilfe zum Lebensunterhalt kann z. B. auch in der Weise gewährt werden, daß die Miete unmittelbar an den Vermieter gezahlt wird und der Hilfesuchende kein Bargeld, sondern lediglich Gutscheine zum Einkauf von Kleidungsstücken erhält. Auch bei der Auswahl des Altersheimes oder des Krankenhauses, bei Beschaffung eines Hörgerätes oder eines Krankenfahrstuhls hat die Behörde einen Ermessensspielraum. Das Bundessozialhilfegesetz gewährt dem Hilfesuchenden mithin im allgemeinen einen Rechtsanspruch auf Hilfe nur dem Grunde nach, während Form und Maß der Hilfe im Ermessen des Verwaltungsbeamten liegt.

2. Kapitel

Die Regelsätze und ihre Bedeutung im Sozialhilferecht

Durch umfangreiche statistische Untersuchungen ist festgestellt worden, welcher Geldbetrag monatlich erforderlich ist, damit ein erwachsener Mensch seinen durchschnittlichen Lebensbedarf, also die erforderlichen Ausgaben für ausreichende Ernährung, Kleidung, Körperpflege, für Rundfunk, Tageszeitung und gelegentlichen Besuch kultureller Veranstaltungen bestreiten kann. Dieser monatliche Geldbetrag, der sich mit den Verbrauchergewohnheiten und den Preisen laufend ändert, wird *Regelsatz* genannt und ist ausschlaggebender Rechnungsposten

— für die Berechnung der Höhe fast aller Arten der Sozialhilfe,
— bei der Inanspruchnahme von Unterhaltsverpflichteten, wenn also das Sozialamt die gewährte Sozialhilfe von den Unterhaltsverpflichteten des Hilfesuchenden ganz oder zum Teil zurückverlangt.

Die Festsetzung dieser Regelsätze obliegt nach § 22 Absatz 3 BSHG den einzelnen *Landesbehörden* oder den von ihnen bestimmten Stellen, damit auf diese Weise die örtliche Preisentwicklung und die Verbrauchergewohnheiten besser berücksichtigt werden können. Auf Grund des § 22 Absatz 2 BSHG hat der Bundesminister des Innern jedoch die *Regelsatzverordnung vom 20. Juli 1962* erlassen, um auf diese Weise wenigstens ein Mindestmaß an Einheitlichkeit im gesamten Bundesgebiet zu gewährleisten. Von ihren Befugnissen zur Festsetzung des Regelsatzes haben die einzelnen Bundesländer in folgender Weise Gebrauch gemacht, wobei jeweils der Stand vom 1. 6. 1966 und lediglich die Sätze für den Haushaltsvorstand — die *Eckregelsätze* — wiedergegeben werden:

1. Die Länder *Nordrhein-Westfalen, Rheinland-Pfalz* und *Bayern* haben die Festsetzung der Regelsätze den örtlichen Trägern der Sozialhilfe — den kreisfreien Städten und den Landkreisen — überlassen, wobei jedoch folgende Mindest- und Höchstsätze einzuhalten sind, die durch den Arbeits- und Sozialminister oder durch den Innenminister festgesetzt werden:

Nordrhein-Westfalen .... von 123 bis 128 DM
Rheinland-Pfalz .... von 117 bis 125 DM
Bayern .... mindestens 120 DM

2. In den Ländern *Niedersachsen* und *Baden-Württemberg* werden die Regelsätze durch Runderlaß des Sozialministers oder des Innenministers bestimmt, wobei Unterschiede zwischen Stadt und Land gemacht werden:

Niedersachsen: Hannover .... 126 DM
   alle anderen Gemeinden .... 122 DM
Baden-Württemberg: Stuttgart .... 131 DM
   Städte über 100 000 bis 500 000 Einwohner .... 125 DM
   Städte bis 100 000 Einwohner und Landkreise .... 122 DM

3. In den Ländern *Hessen, Saarland, Schleswig-Holstein* sowie in den Stadtstaaten *Berlin, Hamburg* und *Bremen* gelten folgende einheitliche Regelsätze:

Hessen .... 130 DM
Saarland .... 120 DM
Schleswig-Holstein .... 120 DM
Berlin .... 128 DM
Hamburg .... 129 DM
Bremen (ausgenommen Bremerhaven, wo der Regelsatz durch Magistratsbeschluß festgesetzt wird) .... 120 DM

Die Unterschiede zwischen den Regelsätzen in den einzelnen Bundesländern sind, wie die Aufstellung zeigt, nicht unbeträchtlich. Der niedrigste Regelsatz ist mit 117 DM in Rheinland-Pfalz vorgesehen, während der höchste Regelsatz im Betrage von 131 DM in Baden-Württemberg gilt.

Für *Haushaltsangehörige* gelten wesentlich niedrigere Regelsätze, weil normalerweise die in jedem Haushalt anfallenden Aufwendungen für Beleuchtung, Tageszeitung, Kochfeuerung usw. nur dem Haushaltsvorstand zur Last fallen. In § 2 der Regelsatzverordnung ist daher das Verhältnis der Regelsätze des Alleinstehenden oder des Haushaltsvorstandes zu den Regelsätzen für Haushaltsangehörige wie folgt bestimmt:

Haushaltsangehörige im Alter	*vH des Regelsatzes für den Haushaltsvorstand*
bis 6 Jahre	45—50
von 7 bis 13 Jahren	70—75
von 14 bis 17 Jahren	85—90
ab 18 Jahre	75—80

Die Sätze im einzelnen sind aus der Tabelle im Anhang zu ersehen.

Nicht erfaßt werden durch die Regelsätze nach der Regelsatzverordnung:

Aufwendungen für die Unterkunft (Miete)
Winterfeuerung
Beschaffung von Wäsche und Kleidung
Instandhaltung von Kleidung, Wäsche und Schuhen ⎫
Beschaffung von Hausrat ⎬ soweit nicht geringfügig
Instandhaltung von Hausrat ⎭

Derartige Aufwendungen müssen bei Bewilligung von Hilfe zum Lebensunterhalt stets gesondert — z. B. durch Sonderbeihilfe — berücksichtigt werden, soweit sie erforderlich sind.

Rechtsprechung

1. In den Regelsätzen sind die notwendigen Aufwendungen für Körperreinigung enthalten, so daß kein Anspruch auf Gewährung einer Beihilfe zum Erwerb einer Jahresdauerkarte für ein Hallenbad besteht.
(OVG Lüneburg, Urteil vom 29. 10. 1963, DVBl. 64/636)

2. Einer Hilfesuchenden, die in der Wohnung ihres Sohnes einen eigenen Wohnraum mit eigenen Möbeln und mit einem eigenen Kochherd bewohnt und darin einen selbständigen Haushalt führt, dessen Generalunkosten sie selbst trägt, steht bei der Hilfe zum Lebensunterhalt der Richtsatz für Alleinstehende zu.
(OVG Münster, Urteil vom 12. 3. 1964, DVBl. 1964/633)

3. Kapitel

Hilfe zum Lebensunterhalt

Die Bedeutung der Hilfe zum Lebensunterhalt im Rahmen des Bundessozialhilfegesetzes läßt sich am besten an folgenden statistischen Zahlen ersehen: im Jahre 1963 erhielten 1,3 Millionen Personen Hilfe zum Lebensunterhalt, während Hilfe in besonderen Lebenslagen von etwa 1 Million Personen bezogen wurde. Der Aufwand für Hilfe zum Lebensunterhalt betrug 1963 etwa 857 Millionen DM. Für Hilfen in besonderen Lebenslagen wurden dagegen rund 1 Mrd. DM angewendet. Das sind angesichts der günstigen Wirtschaftslage ganz erstaunliche Zahlen.

Bei Berechnung der Hilfe zum Lebensunterhalt wird zunächst vom Bedarf ausgegangen. Es wird geprüft, ob und in welchem Umfang dieser Bedarf durch Einsatz von Vermögen, Einkommen oder durch Verwertung der Arbeitskraft gedeckt werden kann. Nur der Unterschiedsbetrag wird dann als Hilfe zum Lebensunterhalt bewilligt.

1. Abschnitt: Der Bedarf des Hilfesuchenden

Nach §§ 11, 120 BSHG hat jeder Mensch, also auch der Ausländer oder Staatenlose und auch das Kleinkind in der Wiege einen eigenen und selbständigen Anspruch auf Hilfe zum Lebensunterhalt, wenn der Lebensbedarf nicht anderweitig gesichert ist oder gesichert werden kann. Zunächst ist also der Bedarf der Hilfesuchenden, auch wenn er in einem gemeinsamen Haushalt mit Eltern oder Ehegatten lebt, selbständig an Hand der *Regelsätze* zu errechnen.

Im Regelsatz sind die *Kosten für die Unterkunft* nicht enthalten. Sie müssen daher gesondert berücksichtigt werden, und zwar bei denjenigen Hilfesuchenden in der Familie, die z. B. den Mietvertrag abgeschlossen und für die Miete aufzukommen haben.

Die in der Anwendung von Regelsätzen liegende Schematisierung wird durch die *Anerkennung von Mehrbedarf* in den Fällen der §§ 23, 24 BSHG etwas gemildert. Danach ist ein Mehrbedarf in folgenden vH-Sätzen des Regelsatzes anzuerkennen:

a) 30 vH für Personen über 65 Jahre, Erwerbsunfähige und werdende Mütter;

b) 20 vH für Personen, die allein für die Pflege und Erziehung von zwei oder drei Kindern unter 16 Jahren sorgen;

c) 40 vH für Personen, die allein für die Pflege und Erziehung von vier oder mehr Kindern zu sorgen haben;

d) ein Mehrbedarf in angemessener Höhe ist Erwerbstätigen zuzubilligen, weil sie erhöhte Aufwendungen z. B. an Nahrung und Kleidung haben und der Arbeitseinsatz anzuerkennen ist;

e) ein Mehrbedarf in Höhe von 50 DM zuzüglich 25 vH des darüberliegenden Erwerbseinkommens ist erwerbstätigen Blinden zuzubilligen.

Darüber hinaus kann ein angemessener Mehrbedarf nach § 22 Absatz 1 BSHG z. B. in Fällen von Krankheit, von Gebrechen oder bei ärztlich verordneter Diät anerkannt werden.

Eine solche Bedarfsberechnung sieht z. B. wie folgt aus:

Regelsatz für Haushaltsvorstand	120,— DM
Miete	60,— DM
Mehrbedarf wegen Diät	30,— DM
30 vH Mehrbedarf für Personen über 65 Jahre	36,— DM
Mehrbedarf wegen Erwerbstätigkeit (Entgelt für Zeitungsaustragen in voller Höhe)	30,— DM
anzuerkennender Bedarf	276,— DM

2. Abschnitt: Einsatz des Vermögens

Hilfe zum Lebensunterhalt wird nicht gewährt, wenn der Hilfesuchende ein Vermögen besitzt, das er zur Deckung seines Lebensbedarfs verwerten kann. Ebensowenig wird Hilfe zum Lebensunterhalt gewährt, wenn der nicht getrennt lebende Ehegatte des Hilfesuchenden oder bei minderjährigen unverheirateten und im Haushalt der Eltern lebenden Kindern die Eltern über ausreichendes Vermögen verfügen. In einem gemeinsamen Haushalt müssen also die Ehegatten füreinander einstehen, ebenso die Eltern für ihre Kinder (§ 11 Absatz 1 BSHG).

Wann der Einsatz von Vermögen nicht zuzumuten ist, ergibt sich aus § 88 BSHG und der Durchführungsverordnung zu § 88 vom 20. Juli 1962. *Folgendes Vermögen ist danach frei:*

1. ein Vermögen, das aus öffentlichen Mitteln zum Aufbau oder zur Sicherung einer Lebensgrundlage oder zur Gründung eines Hausstandes gewährt wird, wie das z. B. bei Leistungen nach dem Lastenausgleich der Fall ist,
2. sonstiges Vermögen, soweit es zum Aufbau oder zur Sicherung einer angemessenen Lebensgrundlage oder zur Gründung eines angemessenen Hausstandes oder zur angemessenen Ergänzung des Hausrats alsbald verwendet werden wird,
3. Hausrat,
4. Gegenstände für die Berufsausbildung oder die Erwerbstätigkeit,
5. Familien- und Erbstücke,
6. Bücher und Schallplatten usw.,
7. ein kleines Hausgrundstück, wenn der Hilfesuchende es selbst oder zusammen mit Angehörigen bewohnt,
8. folgende Barbeträge oder Geldwerte:
für den Hilfesuchenden selbst 1000,— DM; weitere 500,— DM für den Fall, daß das Vermögen des Ehegatten mit zu berücksichtigen ist; bei Hilfe für ein minderjähriges unverheiratetes Kind, das bei seinen Eltern lebt, für die Eltern 1500,— DM zuzüglich 200,— DM für das Kind.

Darüber hinaus gibt es die Härteklausel des § 88 Absatz 3 BSHG und des § 2 der Verordnung vom 20. Juli 1962, wonach weiteres Vermögen unberücksichtigt bleiben kann, wenn dafür besondere Gründe bestehen.

Stößt die sofortige Verwertung z. B. eines Grundstückes auf Schwierigkeiten, so soll Hilfe zum Lebensunterhalt als Darlehen gewährt werden (§ 89 BSHG).

3. Abschnitt: Einsatz des Einkommens

Bei der Hilfe zum Lebensunterhalt ist das *Einkommen des Hilfesuchenden* in vollem Umfange anzurechnen. Darüber hinaus wird ähnlich wie beim Einsatz des Vermögens nach dem Grundsatz der Familiengemeinschaft auch das *Einkommen des im Haushalt lebenden Ehegatten* insoweit berücksichtigt, als es den für ihn geltenden Bedarfssatz — Regelsatz zuzüglich Mehrbedarf — übersteigt. In gleicher Weise wird bei minderjährigen Hilfesuchenden das *Einkommen der Eltern* herangezogen. Hier sind also jeweils mehrere Bedarfsberechnungen erforderlich, um feststellen zu können, welchen Unterhaltsbeitrag der Ehegatte oder die Eltern leisten können (§ 11 Absatz 1 BSHG).

Bei der Einkommensberechnung bleiben lediglich öffentliche zweckbestimmte Leistungen — z. B. die Grundrente nach dem Bundesversorgungsgesetz — sowie Zuwendungen der freien Wohlfahrtspflege und freiwillige Zuwendungen von Privatpersonen unter bestimmten Voraussetzungen außer Betracht (§§ 77, 78 BSHG). Im übrigen gilt für die Berechnung des Einkommens die Verordnung zur Durchführung des § 76 BSHG vom 28. November 1962, in der unter anderem Vorschriften über die Bewertung von Sachbezügen, über notwendige Aufwendungen bei unselbständiger Arbeit und über die Berechnung von Einkünften aus Land- und Forstwirtschaft, aus Kapitalvermögen und aus Vermietung und Verpachtung enthalten sind. Die notwendigen Aufwendungen zur Erzielung der Einnahmen müssen hier jeweils abgesetzt werden.

Rechtsprechung

1. Aus dem Wortlaut des Bundesversorgungsgesetzes ergibt sich negativ, daß die Grundrente nicht der Sicherung des allgemeinen Lebensunterhaltes zu dienen bestimmt ist. Ihr Zweck ist in erster Linie Schadensausgleich. Bei Ermittlung des Einkommens nach § 76 BSHG muß sie daher außer Ansatz bleiben.
   (BVerwG, Urteil vom 26. 8. 1964, ZfS 1965/20)

2. Kindergeld soll ebenso wie die Hilfe zum Lebensunterhalt die allgemeinen Lebenshaltungskosten mindern. Kindergeld ist für die Kinder und nicht für die Eltern bestimmt. Die Eltern haben daher auch dann, wenn sie selbst hilfsbedürftig sind, das Recht, Kindergeld ihren Kindern zuzuwenden. Es ist nicht eigenes Einkommen der Eltern im Sinne von § 76 BSHG.
   (BVerwG, Urteil vom 27. 1. 1965, ZfS 65/263)

3. Kindergeld ist nicht für den Unterhalt des Berechtigten, sondern für den Kindesunterhalt bestimmt. Als auf ein Kind entfallendes Kindergeld gilt der Betrag, der sich bei gleichmäßiger Verteilung auf alle Kinder ergibt. Nur insoweit darf Anrechnung erfolgen.
   (OVG Münster, Beschluß vom 8. 3. 1965, ZfS 1965/243)

4. Auf die Ausbildungshilfe ist das auf das Kind entfallende Kindergeld anzurechnen, da beide Leistungen für den Unterhalt bestimmt sind.
   (OVG Münster, Beschluß vom 8. 3. 1965, ZfS 1965/311)

5. Ein Hilfesuchender, der sein gesamtes Einkommen zur Begleichung von Schulden verwendet, hat nach § 2 BSHG keinen Anspruch auf Hilfe zum Lebensunterhalt.
   (Hess. VGH, Beschluß vom 19. 11. 1962, ZfS 1963/158)

6. Wer die ihm zustehende Sozialrente nicht annimmt, hat insoweit keinen Anspruch auf Hilfe zum Lebensunterhalt.
   (Hess. VGH, Urteil vom 16. 1. 1964, ZfS 1964/188)

4. Abschnitt: Einsatz der Arbeitskraft und Folgen von Arbeitsscheu

Nach § 18 BSHG ist jeder Hilfesuchende verpflichtet, zuerst seine *Arbeitskraft zu verwerten*, bevor er öffentliche Hilfe in Anspruch nimmt. Das Sozialamt wird also den arbeitsfähigen Hilfesuchenden zunächst zwecks Arbeitsvermittlung an das Arbeitsamt verweisen, mit dem es ständig in Verbindung zu stehen hat. In § 19 BSHG ist darüber hinaus vorgesehen, daß das Sozialamt auch selbst Gelegenheit zu gemeinnütziger und zusätzlicher Arbeit schaffen kann, z. B. Aufräumungsarbeiten in Lagern, Errichtung von Grünanlagen, Karteiarbeiten. Hierbei wird — von einer später zu erörternden Ausnahme abgesehen — der ortsübliche Lohn gezahlt, so daß dann die Gewährung von Hilfe zum Lebensunterhalt entfällt.

Bei der Zuweisung von Arbeit ist jedoch stets zu prüfen, ob dem Hilfesuchenden *die Arbeit zugemutet werden kann*. Unzumutbar ist eine Arbeit nach § 18 BSHG in Verbindung mit § 78 Absatz 2 AVAVG, wenn

1. der Hilfesuchende körperlich oder geistig dazu nicht in der Lage ist,
2. ihm die künftige Ausübung seines bisherigen Berufes wesentlich erschwert werden würde, z. B. etwa schwere Handarbeit bei einem Musiker,
3. bei Frauen die Erziehung der Kinder oder die Pflege von Angehörigen oder die Führung eines großen Haushalts unzumutbar erschwert werden würde,
4. für die Arbeit nicht das tarifliche oder ortsübliche Entgelt gezahlt wird,
5. die Arbeit durch Streik oder Aussperrung frei geworden ist,
6. die Unterkunft gesundheitlich oder sittlich bedenklich ist,
7. der Hilfesuchende sich zur Verrichtung der Arbeit an einem anderen Wohn- oder Aufenthaltsort als seine Angehörigen aufhalten muß und infolgedessen deren weitere Versorgung nicht oder hinreichend gesichert oder in anderer Hinsicht besonders gefährdet ist,
8. die Arbeit gegen ein Gesetz oder die guten Sitten verstößt.

Wer sich weigert, zumutbare Arbeit zu leisten, hat nach § 25 BSHG keinen Anspruch auf Hilfe zum Unterhalt. Natürlich wird der Anspruch der Familienangehörigen auf Hilfe dadurch nicht berührt.

Keine völlige Versagung der Hilfe zum Lebensunterhalt, wohl aber eine *Einschränkung auf das zum Leben Unerläßliche* ist nach § 25 Absatz 2 BSHG vorgesehen, wenn der Hilfesuchende *aus eigenem Verschulden seinen Arbeitsplatz verloren hat* oder sich *nicht an Umschu-*

lungsmaßnahmen beteiligt. Im einzelnen handelt es sich hier um folgende Fälle:

1. der Hilfesuchende weigert sich, sich einer beruflichen Ausbildung, Fortbildung oder Umschulung zu unterziehen, er nimmt an diesen Maßnahmen ohne hinreichende Entschuldigung nicht regelmäßig teil, oder er gefährdet ihre Durchführung durch sein Verhalten (§ 79 AVAVG),
2. der Hilfesuchende hat seine Arbeitsstelle ohne wichtigen oder ohne berechtigten Grund aufgegeben (§ 25 Absatz 2 Satz 2 BSHG),
3. der Hilfesuchende hat seine Arbeitsstelle durch sein Verhalten, das zur fristlosen Entlassung berechtigt, oder durch fahrlässiges Verhalten verloren (§ 80 AVAVG),
4. der Hilfesuchende hat seine Arbeitsstelle aus einem berechtigten Grund aufgegeben, ohne zuvor zu dessen Beseitigung einen zumutbaren Versuch unternommen zu haben (§ 80 AVAVG).

Hier ist auch der nicht seltene Fall zu erörtern, daß ein Unterhaltspflichtiger, z. B. der Ehemann, einfach nicht arbeiten will und dadurch das Sozialamt zwingt, der Ehefrau und den minderjährigen Kindern Hilfe zum Lebensunterhalt zu gewähren. Gewöhnlich wird das Sozialamt in diesem Fall bei der zuständigen Staatsanwaltschaft *Strafanzeige wegen eines Vergehens der Unterhaltspflichtentziehung nach § 170 b StGB* erstatten. Die Gerichte pflegen in solchen Fällen eine Gefängnisstrafe von drei bis fünf Monaten mit Strafaussetzung zur Bewährung zu verhängen mit der Auflage, künftig einer geregelten Arbeit nachzugehen und die Unterhaltspflichten zu erfüllen. Daneben hat das Sozialamt die Möglichkeit, den Unterhaltspflichtigen nach § 26 BSHG durch Gerichtsbeschluß in eine *Arbeitsanstalt* — z. B. in Nordrhein-Westfalen die Landespflegeanstalt Benninghausen — zur Arbeitserziehung unterbringen zu lassen, allerdings auf eigene Kosten. Eine solche Unterbringung ist im übrigen auch möglich, wenn einem Arbeitsverweigerer selbst aus besonderen Gründen Hilfe zum Lebensunterhalt gewährt werden mußte.

Rechtsprechung

Der 45 Jahre alte Hilfesuchende hat die erste juristische Staatsprüfung abgelegt und ist bei dem Versuch, die zweite juristische Staatsprüfung abzulegen, wiederholt gescheitert. Ihm kann auch eine Tätigkeit als Bote, Karteisachbearbeiter oder Registrator zugemutet werden, nachdem er in den acht zurückliegenden Jahren keine seiner Ausbildung entsprechende Tätigkeit hat finden können. Um eine augenblickliche Notlage zu beseitigen, ist es angezeigt, jede mögliche Arbeit anzunehmen.
Ein Anspruch auf Hilfe zum Lebensunterhalt besteht nicht.
(BVerwG, Urteil vom 23. 5. 1962, ND 1963/237)

5. Abschnitt: Form und Maß der Hilfe zum Lebensunterhalt

Vorausgesetzt, daß der Hilfesuchende kein ausreichendes verwertbares Vermögen besitzt und auch kein Arbeitseinkommen erzielen kann, wird die Hilfe zum Lebensunterhalt wie folgt berechnet:

Lebensbedarf
./. *anzurechnendes Einkommen*
= laufende Hilfe zum Lebensunterhalt

Neben diesen laufenden Leistungen sind die in § 21 Absatz 1 BSHG erwähnten *einmaligen Leistungen* von erheblicher Bedeutung. Einmalige Beihilfen, die unter Umständen mehrmals im Jahr zu gewähren sind, sind zur Deckung desjenigen Lebensbedarfs erforderlich, der nicht in den Regelsätzen eingeschlossen ist: Winterfeuerung, Beschaffung und Instandhaltung von Wäsche, Kleidung, Schuhen und Hausrat, soweit nicht lediglich geringfügige Aufwendungen erforderlich sind, ferner Aufwendungen zum Weihnachtsfest und andere besondere Aufwendungen, z. B. Besuchsfahrten. Derartige einmalige Beihilfen stehen nach § 21 Absatz 2 BSHG auch denjenigen Hilfesuchenden zu, die — wie häufig bei Sozialrentnern — keine laufenden Leistungen zum Lebensunterhalt benötigen, weil ihr Einkommen den Regelbedarf erreicht oder knapp darüber liegt.

Die *Form der Hilfe zum Lebensunterhalt* kann weitgehend durch Ermessensentscheidungen des Sozialamts bestimmt werden, wie sich aus § 4 Absatz 1 BSHG ergibt. So kann die laufende Hilfe zum Lebensunterhalt nicht monatlich, sondern wöchentlich ausgezahlt werden, wenn der Hilfesuchende nicht wirtschaften kann. Aus dem gleichen Grunde kann die Miete unmittelbar an den Vermieter überwiesen und die Gas-, Licht- und Wasserrechnung unmittelbar beglichen werden. Einmalige Beihilfen können auch in Form von Sachleistungen gegeben werden: Gutscheine zum Einkauf von Kleidungsstücken in bestimmten Geschäften oder statt Geld das erforderliche Kleidungsstück selbst. Zum Einkauf von Einkellerungskartoffeln wird häufig auch ein Vorschuß auf die laufende Unterstützung gewährt, der dann in den Wintermonaten verrechnet wird. Schließlich kann die laufende Hilfe zum Lebensunterhalt auch unter der *Bedingung gewährt werden, daß der Hilfesuchende bestimmte Notstandsarbeiten verrichtet,* wobei ein Arbeitsverhältnis im Sinne des Arbeitsrechts nicht zustande kommt, oder daß er sich durch eine geregelte Tätigkeit an Arbeit gewöhnt (§§ 19, 20 BSHG). Bei unwirtschaftlichem Verhalten kann die Hilfe zum Lebensunterhalt bis auf das zum Leben Unerläßliche eingeschränkt oder auf Hilfe in einer Anstalt oder in einem Heim beschränkt werden (§ 25 Absatz 2 BSHG).

Ältere alleinstehende Menschen können vielfach wegen Altersgebrechen nicht mehr selbst einkaufen und selbst kochen. Hier kann nach § 11 Absatz 2 BSHG vom Sozialamt durch Anschluß an einen Mittagstisch oder durch persönliche Hilfe beim Einkaufen auch dann geholfen werden, wenn wegen des zu hohen Einkommens eine laufende Hilfe zum Lebensunterhalt nicht in Betracht kommt. In diesen Fällen kann ein angemessener Kostenbeitrag verlangt werden.

Rechtsprechung

Ein Hilfesuchender, der größere Kleidungsstücke benötigt, hat keinen Anspruch auf eine Beihilfe in Geld. Es steht im Ermessen des Sozialhilfeträgers, Kleidungsstücke aus einem städtischen Bekleidungslager anzubieten. Dabei muß es der Hilfesuchende in Kauf nehmen, daß diese Bekleidung nicht mehr der neuesten Mode entspricht und auch nicht von bester Qualität ist.
(VG Gelsenkirchen, Urteil vom 8. 11. 1963, ZfS 1964/129)

6. Abschnitt: Unterbringung in Heimen, Haushaltsgemeinschaften, eheähnliche Gemeinschaften

Nicht immer wird die Hilfe zum Lebensunterhalt ganz oder zum Teil in bar an den Hilfesuchenden ausgezahlt. Kinder, Jugendliche und ältere Hilfesuchende, die sich nicht selbst versorgen können und für die niemand sorgt, müssen dann in einem Jugend- oder Altersheim untergebracht werden. In solchen Fällen übernimmt das Sozialamt die Kosten der Heimunterbringung, wobei etwaige Renten und sonstiges laufendes Einkommen zur Deckung der Heimkosten vereinnahmt werden.

Nach § 21 Absatz 3 BSHG wird an den Heimbewohner außerdem ein angemessenes vom Sozialamt festzusetzendes Taschengeld gezahlt, es sei denn, daß die bestimmungsmäßige Verwendung — wie z. B. bei einem Säugling — nicht möglich ist.

Bei Hilfesuchenden, die Hilfe zum Lebensunterhalt außerhalb von Heimen erhalten und die trotz Belehrung ein unwirtschaftliches Verhalten fortsetzen, kann die Hilfe zum Lebensunterhalt nach § 25 Absatz 2 BSHG auf Hilfe in einer Anstalt oder in einem Heim beschränkt werden. Nur in den seltensten Fällen wird es jedoch gerechtfertigt sein, den Hilfesuchenden praktisch zu zwingen, in ein Heim zu ziehen.

Besondere Schwierigkeiten in der Praxis der Sozialhilfe machen die in § 16 BSHG erwähnten Fälle der *Haushaltsgemeinschaft:*

der Hilfesuchende lebt im Haushalt des Sohnes oder des Schwiegersohnes, im Haushalt seiner älteren Schwester oder bei seiner Tante, das einkommenslose uneheliche Kind ist im Haushalt des Stiefvaters untergebracht. Für solche Fälle wird in § 16 die widerlegbare Rechtsvermutung aufgestellt, daß der Hilfesuchende in dieser Haushaltsgemeinschaft seinen Lebensunterhalt erhält, soweit dies nach den Einkommens- und Vermögensverhältnissen des Verdieners erwartet werden kann. Notwendig ist also, daß die Einkommensverhältnisse genau geprüft werden und daß insbesondere auch etwaige Hilfeleistungen des Hilfesuchenden im Haushalt — Beaufsichtigung der Kinder, Hilfe bei der Gartenarbeit — berücksichtigt werden. Zu berücksichtigen ist ferner, ob der Hilfesuchende gegenüber den im Haushalt lebenden und verdienenden Verwandten einen Unterhaltsanspruch hat, wie z. B. der ältere Vater gegen den gut verdienenden Sohn, oder ob derartige Ansprüche nicht gegeben sind, wie das z. B. gegenüber dem Schwiegersohn, Geschwistern, Onkel und Stiefvater der Fall ist. Im letzten Fall wird mindestens eine gekürzte Hilfe oder ein Taschengeld zu zahlen sein, damit die Haushaltsgemeinschaft nicht zerstört wird. Engherzige Maßstäbe sollten in diesen Fällen vermieden werden, zumal das Sozialamt nach § 7 BSHG gehalten ist, familiengerechte Hilfe zu leisten und den Familienzusammenhang zu festigen.

Auf *eheähnliche Gemeinschaften* ist nach § 122 BSHG die Rechtsvermutung des § 16 BSHG entsprechend anzuwenden. Hier ist anzunehmen, daß die Partner in einer Weise zusammenleben und gemeinsam wirtschaften, wie das bei Ehepartnern üblich ist. Um derartige eheähnliche Gemeinschaften nicht besser zu stellen als Ehepaare, ist das Einkommen des einen Teiles, soweit es dessen Lebensbedarf übersteigt, dem anderen Teil zuzurechnen. Auch hier handelt es sich indessen um eine widerlegbare Rechtsvermutung. Soweit der einkommenslose Partner tatsächlich z. B. kein Taschengeld erhält, muß es vom Sozialamt bewilligt werden.

Rechtsprechung

Maßgebend für die Annahme einer eheähnlichen Gemeinschaft ist das Bestehen einer Wohn- und Wirtschaftsgemeinschaft zwischen einem Mann und einer Frau, daß also wie in einer echten Ehe „aus einem Topf" gewirtschaftet wird. In diesem Falle wird die Unterstützung wie für ein Ehepaar berechnet. Die Vermutung des § 122 BSHG gilt jedoch nur, soweit ihr die tatsächlichen Verhältnisse nicht entgegenstehen. Stellt sich heraus, daß der Hilfesuchende von dem Partner den notwendigen Lebensbedarf nicht erhält, gleichgültig ob der Partner nicht leisten kann oder nicht leisten will, so ist die Behörde zur Leistung verpflichtet.
(BVerwG, Urteil vom 27. 2. 1963, ZfS 1963/242)

7. Abschnitt:
Die Inanspruchnahme von Unterhaltsverpflichteten und anderen Stellen wegen Erstattung der Aufwendungen bei Hilfe zum Lebensunterhalt

Hilfe zum Lebensunterhalt wird gewährt, um den Lebensbedarf des Hilfesuchenden zu decken, nicht aber, um etwaige Unterhaltsverpflichtete von ihrer Verpflichtung freizustellen. In den §§ 90, 91 BSHG sind daher Vorschriften enthalten, nach denen das Sozialamt die *Unterhaltsverpflichteten des Hilfesuchenden* zur Erstattung seiner Aufwendungen heranziehen kann, nachdem er dem Hilfesuchenden Hilfe zum Lebensunterhalt gewährt hat.

Die Frage, wer zur Zahlung von Unterhalt verpflichtet ist, wird vom Bürgerlichen Gesetzbuch und vom Ehegesetz beantwortet. Darin ist der Kreis der Unterhaltsverpflichteten sehr weit gezogen, wobei allerdings eine *Rangordnung* einzuhalten ist. Der Hilfesuchende hat einen Unterhaltsanspruch gegenüber folgenden Personen:

1. gegen den Ehegatten (§§ 1608, 1360 ff. BGB) oder den alleinschuldig oder überwiegend für schuldig erklärten geschiedenen früheren Ehegatten (§ 58 Ehegesetz),
2. gegen Abkömmlinge, also Kinder und Enkelkinder, nach Maßgabe der gesetzlichen Erbfolge und im Verhältnis der Erbteile § 1606 Absatz 1 BGB),
3. gegen Eltern nach Maßgabe ihrer Erwerbs- und Vermögensverhältnisse (§ 1606 Absatz 3 BGB),
4. gegen Großeltern zu gleichen Teilen (§ 1606 Absatz 2 BGB).

Als uneheliches Kind unter 18 Jahren hat der Hilfesuchende einen vorrangigen Unterhaltsanspruch gegenüber dem Vater (§ 1708 BGB), als Adoptivkind gegenüber den Adoptiveltern (§ 1766 BGB). Kein Unterhaltsanspruch besteht danach gegen Geschwister, gegen Onkel und Tante, gegen Stiefvater oder Stiefmutter und gegen Schwiegereltern.

Wer zur Zahlung von Unterhalt in Anspruch genommen wird, kann *jegliche Zahlung ablehnen mit der Begründung,*

1. er sei bei Berücksichtigung seiner sonstigen Verpflichtungen *außerstande,* ohne Gefährdung seines angemessenen Unterhalts den Unterhalt zu gewähren (§ 1603 BGB), wobei jedoch Eltern gegenüber ihren minderjährigen unverheirateten Kindern im Notfalle alle verfügbaren Mittel einsetzen müssen,
2. er *müsse anderen vorrangig Unterhaltsberechtigten Unterhalt gewähren,* so daß er deswegen nicht leistungsfähig sei. Der Unterhaltspflichtige muß die Unterhaltspflichten in folgender Rangordnung befriedigen (§ 850 d ZPO, § 1609 BGB):

a) minderjährige unverheiratete Kinder, Ehegatte und früherer Ehegatte,
b) die übrigen Kinder und Enkelkinder, wobei diejenigen, die im Falle der gesetzlichen Erbfolge als Erben berufen sein würden, den übrigen Kindern sowie den unehelichen Kindern vorgehen,
c) Eltern,
d) Großeltern.

Wenn auf diese Weise ein Unterhaltsverpflichteter ausfällt, so müssen andere ihm gleichgestellte Unterhaltsverpflichtete seinen Anteil übernehmen. Ist z. B. von drei Söhnen ein Sohn leistungsunfähig, so müssen die beiden anderen Söhne die Unterhaltszahlungen je zur Hälfte tragen.

Das Maß der Unterhaltspflicht richtet sich im übrigen nicht nach den Einkommensverhältnissen der Unterhaltsverpflichteten. Wenn von zwei Söhnen der eine ein Monatseinkommen von 5000,— DM hat und der andere lediglich 600,— DM verdient, so müssen dennoch beide Söhne die Hälfte, also jeder den gleichen Betrag zahlen.

Die Unterhaltspflichtigen, deren Adressen bei Prüfung der wirtschaftlichen Verhältnisse des Hilfesuchenden festgestellt werden, erhalten gemäß § 91 Absatz 2 BSHG zunächst eine *schriftliche Mitteilung über die Gewährung von Hilfen zum Lebensunterhalt*, damit sie sich rechtzeitig auf eine mögliche Inanspruchnahme einstellen können. Nachdem auch die wirtschaftlichen Verhältnisse der Unterhaltspflichtigen geprüft worden sind, setzt das Sozialamt die einzelnen Erstattungsbeträge fest und leitet dann nach § 90 BSHG durch eine *schriftliche Anzeige* an den Verpflichteten den Unterhaltsanspruch über. Zahlt der Unterhaltsverpflichtete nicht freiwillig, so kann der Anspruch vom Sozialamt im Klagewege vor den Amtgerichten durchgesetzt werden.

Durch § 91 Absatz 3 BSHG erhält das Sozialamt die Möglichkeit, von der Inanspruchnahme des Unterhaltsverpflichteten *abzusehen*, soweit dies eine besondere Härte bedeuten würde. Eine weitere Härteregelung enthält § 11 des Bundesvertriebenengesetzes und § 19 des Bundesevakuiertengesetzes. Danach ist ein nach bürgerlichem Recht unterhaltspflichtiger *Vertriebener*, *Sowjetzonenflüchtling* oder *Evakuierter* in der Regel nicht in Anspruch zu nehmen, es sei denn, es handelt sich um Eltern im Verhältnis zu ihren minderjährigen unverheirateten Kindern.

Dem Hilfesuchenden könnte für die Zeit, für die er Hilfe zum Lebensunterhalt erhält, außer Unterhaltsansprüchen gegenüber Verwandten auch *noch andere Ansprüche auf laufende Zahlung* zustehen. So hat z. B. der Verletzte nach einem Verkehrsunfall gegenüber dem schuldigen Kraftfahrer, gegenüber dem Halter des Kraftfahrzeuges und gegenüber der Versicherungsgesellschaft einen Schadensersatzanspruch nach dem Straßenverkehrsgesetz, der auch den Ausfall an Arbeitsverdienst umfaßt. In gleicher Weise steht demjenigen, der z. B. infolge von Straßenglätte gestürzt ist, gegenüber dem Hauseigentümer, der schuldhaft nicht ausreichend gestreut hat, ein Schadensersatzanspruch nach § 823 BGB zu. Zu denken ist ferner an Rentenansprüche gegenüber einer privaten Versicherungsgesellschaft, an Ansprüche auf Kindergeld nach dem Bundeskindergeldgesetz und an Ansprüche auf Rente nach dem Bundesversorgungsgesetz. Auch in diesen Fällen ist das Sozialamt berechtigt und verpflichtet, durch eine Anzeige gemäß § 90 BSHG derartige Ansprüche auf sich überzuleiten, um auf diese Weise eine Erstattung der Aufwendungen an Hilfe zum Lebensunterhalt zu erlangen.

In diesem Zusammenhang taucht folgendes Problem auf: Der Schadensersatzanspruch wegen Verdienstausfalls gegenüber dem Kraftfahrzeughalter steht nur dem hilfsbedürftigen Ehemann zu, während Hilfe zum Lebensunterhalt auch für die Ehefrau und für die Kinder gewährt werden muß. Hier bestimmt § 90 Absatz 1 Satz 1 BSHG, daß das Sozialamt bei Überleitung dieses Schadensersatzanspruchs die Erstattung der Aufwendungen für die gesamte Familie verlangen kann.

Die §§ 90, 91 BSHG sind nur anwendbar, wenn *keine speziellen Vorschriften für die Überleitung von Ansprüchen des Hilfesuchenden* vorhanden sind. Hier sind insbesondere zu erwähnen die §§ 1531 ff. RVO, § 77 Angestelltenversicherungsgesetz und § 105 Reichsknappschaftsgesetz für das gesamte *Gebiet der Sozialversicherung*, § 94 AVAVG für das *Arbeitslosengeld* und § 292 für bestimmte Leistungen nach dem *LAG*. Auch hier wird gemäß § 140 BSHG bei der Geltendmachung des Erstattungsanspruchs der Aufwand für die gesamte Familie zusammengerechnet.

Die §§ 90, 91 BSHG sind grundsätzlich nur für laufende Leistungen, die sich auf einen bestimmten Zeitraum beziehen, anwendbar. Bei einmaliger Entschädigungszahlung oder bei der Auszahlung einer Versicherungssumme kommt eine Überleitung nicht in Betracht. Derartige Ansprüche gehören zum Vermögen des Hilfesuchenden, so daß in solchen Fällen gegebenenfalls die Hilfe versagt werden kann oder gemäß § 89 BSHG lediglich die Gewährung eines Darlehns in Betracht kommt.

Rechtsprechung

1. Die Überleitungsanzeige nach den §§ 90, 91 BSHG ist ein Verwaltungsakt, der auch den Drittschuldner beschwert, denn ihm tritt nun ein neuer zur Geltendmachung des Anspruchs entschlossener Gläubiger entgegen. Auch ein Rechtsschutzbedürfnis des Drittschuldners für eine Klage vor den Verwaltungsgerichten ist anzuerkennen, da die Zivilgerichte die Überleitungsanzeige nur daraufhin prüfen können, ob sie

nichtig ist. Die Aufhebung etwa wegen eines Ermessensfehlers ist den Verwaltungsgerichten vorbehalten.
(OVL Lüneburg, Urteil vom 9. 9. 1964, ZfS 65/153)

2. Für eine Klage des Drittschuldners gegen eine Überleitungsanzeige vor den Verwaltungsgerichten fehlt es am Rechtsschutzbedürfnis, weil die Zivilgerichte befugt und verpflichtet sind, die Rechtmäßigkeit in jeder Hinsicht nachzuprüfen, wenn der Sozialhilfeträger den übergeleiteten Anspruch gerichtlich geltend macht.
(Hess. VGH, Urteil vom 29. 10. 1964, ZfS 1965/113)

3. Ein Unterhaltsverzicht im Rahmen eines Ehescheidungsverfahrens ist grundsätzlich auch dann wirksam, wenn die geschiedene Ehefrau später Hilfe zum Lebensunterhalt in Anspruch nehmen muß. Der Verzicht ist jedoch dann sittenwidrig und unwirksam, wenn die Ehegatten erkannt haben, daß in voraussehbarer Zeit Hilfsbedürftigkeit eintreten könnte oder wenn sie sich einer solchen Erkenntnis grob fahrlässig verschlossen haben und sie dennoch die mögliche Schädigung des Sozialhilfeträgers gewissenlos in Kauf genommen haben. Eine Überleitungsanzeige ist dann trotz des — unbeachtlichen — Verzichts möglich.
(LG Braunschweig, Urteil vom 28. 3. 1957, ZfF 1958/152)

4. Der nach den §§ 90, 91 BSHG übergeleitete Unterhaltsanspruch wird durch die Überleitung weder in seinem Wesen noch in seinem Charakter verändert. Ein Unterhaltspflichtiger, der den übergeleiteten Unterhaltsanspruch böswillig nicht erfüllt, macht sich daher nach § 170 b StGB wegen Verletzung der Unterhaltspflicht strafbar.
(Beschluß des LG Bremen, MDR 1966/166)

5. Bei Überleitung eines Nachzahlungsanspruchs an Sozialrente nach § 1531 RVO darf nicht schematisch vorgegangen werden. Es ist unter Berücksichtigung aller Umstände nach billigem Ermessen zu entscheiden, welcher Teil der Nachzahlung in Anspruch genommen wird.
(BVerwG, Urteil vom 15. 7. 1964, ZfS 1965/19)

6. Bei Überleitung eines Nachzahlungsanspruchs nach dem Unterhaltssicherungsgesetz gemäß den §§ 90, 91 BSHG kann es geboten sein, den Eltern des Wehrpflichtigen einen Teil der Nachzahlung zu belassen, wenn diese in der Zwischenzeit Hilfe zum Lebensunterhalt bezogen haben.
(OVG Münster, Urteil vom 1. 8. 1963, ZfS 1964/22)

8. Abschnitt: Kostenersatz

Das Sozialamt kann unter bestimmten in § 92 BSHG enthaltenen Voraussetzungen die *Rückzahlung der gewährten Hilfe zum Lebensunterhalt* verlangen. Zur Rückzahlung können danach sowohl der Hilfesuchende wie auch die unterhaltspflichtigen Angehörigen — der Ehegatte und die Eltern — verpflichtet werden.

1. *Der Hilfesuchende selbst* ist zur Rückzahlung der von ihm bezogenen Hilfe zum Lebensunterhalt unter zwei Gesichtspunkten verpflichtet:

   a) Wenn er nach Vollendung des 18. Lebensjahres die Voraussetzungen für die Gewährung von Hilfe zum Lebensunterhalt *vorsätzlich oder grobfahrlässig herbeigeführt* hat, z. B. durch Aufgabe seiner Arbeitsstelle oder durch schuldhafte Verursachung eines Verkehrsunfalls, bei dem der Hilfesuchende schwer verletzt wird. Die Verpflichtung zum Ersatz der aufgewendeten Kosten für die Hilfe zum Lebensunterhalt ist zeitlich unbegrenzt und geht auf die Erben über. Von der Heranziehung zum Kostenersatz kann jedoch abgesehen werden, soweit sie eine Härte bedeuten oder den Erfolg der Hilfe gefährden würde.

   b) Wenn sein *Einkommen oder sein Vermögen* und das Einkommen und Vermögen des Ehegatten eine *bestimmte Grenze überschreiten*. Diese Einkommensgrenze errechnet sich aus einem Grundbetrag von *500 DM* für den Empfänger der Hilfe zuzüglich der Kosten der Unterkunft und eines Familienzuschlages von *100 DM* für den Ehegatten und für jede Person, die von dem Empfänger der Hilfe überwiegend unterhalten wird. Soweit das Einkommen diese Einkommensgrenze übersteigt, kann ein bestimmter Betrag für den Kostenersatz in Anspruch genommen werden. Im folgenden ist ein Beispiel für eine solche Berechnung wiedergegeben:

   I. Einkommen:

Ehemann (Hilfeempfänger)	700,—
Ehefrau	300,—
	1 000,—

   II. Einkommensgrenze

1. Grundbetrag	500,—
2. Miete	140,—
3. Familienzuschlag für Ehefrau und für ein Kind je DM 100,—	200,—
	840,—

Von dem Unterschiedsbetrag von 160 DM wird rund ein Drittel, das sind 50 DM, monatlich in Anspruch genommen.

Die Vermögensgrenze beträgt das Sechsfache der Einkommensgrenze, in unserem Beispiel also 6 × DM 840,— = DM 5040,—. Wenn das Vermögen des Hilfeempfängers und seines Ehegatten z. B. durch eine Erbschaft diese Grenze übersteigt, besteht ebenfalls eine Pflicht zur Rückzahlung. Dabei bleibt jedoch das sogenannte freie Ver-

mögen im Sinne von § 88 BSHG — Hausrat, Hausgrundstück, Familien- und Erbstücke usw. — außer Ansatz.
Diese Verpflichtung zum Kostenersatz erlischt nach *vier Jahren* vom Ablauf des Jahres an, in dem die Sozialhilfe zuletzt gewährt worden ist. Nicht zum Kostenersatz nach diesen Gesichtspunkten verpflichtet sind Vertriebene, Sowjetzonenflüchtlinge und Evakuierte nach § 91 Bundesvertriebenengesetz und § 19 Bundesevakuiertengesetz.

2. *Folgende Personen sind neben den Hilfesuchenden oder anderen Stellen zum Kostenersatz verpflichtet:*

a) Jeder, der nach Vollendung des 18. Lebensjahres die Voraussetzungen für die Gewährung von Hilfe zum Lebensunterhalt an seine unterhaltsberechtigten Angehörigen durch *vorsätzliches* oder *grobfahrlässiges Verhalten* herbeigeführt hat. Wenn der Ehemann wegen eines schweren Diebstahls zu einer Gefängnisstrafe von zwei Jahren verurteilt worden ist und die Ehefrau und die Kinder während der Strafverbüßung Hilfe zum Lebensunterhalt erhalten, so besteht hier eine zeitlich unbegrenzte Ersatzpflicht nach § 92 Absatz 2 BSHG.

b) Der *Ehegatte des Hilfeempfängers* und die *Eltern* des unter 18 Jahre alten Hilfeempfängers sind auch ohne Verschulden zum Kostenersatz verpflichtet, wenn die *Einkommensgrenze* nach § 81 BSHG — Grundbetrag von 500 DM zuzüglich Miete und zuzüglich 100 DM für jeden unterhaltsberechtigten Angehörigen — überschritten wird oder das zu verwertende Vermögen mehr als das Sechsfache der Einkommensgrenze beträgt. Die Kostenersatzpflicht erlischt hier ebenfalls nach *vier Jahren* und ist ausgeschlossen bei Vertriebenen, Sowjetzonenflüchtlingen und Evakuierten.

4. Kapitel

Allgemeine Grundsätze für die Hilfen in besonderen Lebenslagen

Für alle Hilfen in besonderen Lebenslagen, sei es für die Krankenhilfe, für die Hilfe zur Pflege, für die Tuberkulosehilfe oder für eine andere Hilfeart, gilt gemeinsam, daß der *Hilfesuchende nicht sein gesamtes Einkommen einsetzen muß*, um den Arzt oder den Krankenhausaufenthalt zu bezahlen, sondern daß vielmehr ein nicht zu gering bemessener Betrag frei bleibt für seinen Lebensunterhalt und den Lebensunterhalt seiner Familie (§§ 79 ff. BSHG). In gleicher Weise können *auch Unterhaltspflichtige nicht schrankenlos zum Unterhalt herangezogen werden*, weil auch deren allgemeiner Lebenszuschnitt nicht in unzumutbarer Weise beeinträchtigt werden soll (§ 91 BSHG). Schließlich kann *der Ersatz* von Aufwendungen für Hilfen in besonderen Lebenslagen auch nur unter eingeschränkten Voraussetzungen verlangt werden (§ 92 Absatz 2 BSHG).

Das sind alles Vorschriften, aus denen der Wille des Gesetzgebers deutlich wird, *Schicksalsschläge im Leben des einzelnen*, gegen die es keinen wirksamen Schutz gibt, in ihren Auswirkungen für die Familie und für alle unterhaltspflichtigen Angehörigen möglichst *zu mildern*, auch wenn dafür erhebliche Aufwendungen aus Steuermitteln erforderlich sein sollten. Der Hilfesuchende, der vielleicht an Tuberkulose erkrankt oder erblindet ist, soll durch großzügige Hilfe bei der ärztlichen Behandlung und besonders bei der Berufsausbildung und Berufsumschulung instand gesetzt werden, möglichst bald wieder selbständig sein Brot zu verdienen.

1. Abschnitt: Der Bedarf

Auch bei den Hilfen in besonderen Lebenslagen wird wie bei der Hilfe zum Lebensunterhalt *vom anzuerkennenden Bedarf* des Hilfesuchenden ausgegangen, der je nach der in Betracht kommenden Hilfeart verschieden sein kann: es sind die erforderlichen *finanziellen Mittel für die Berufsausbildung*, für die *Berufsumschulung*, für die ambulante oder stationäre *ärztliche Behandlung*, für den *Krankenfahrstuhl* oder für das *Hörgerät*, für die *Pflegerin* oder für eine *Erholungskur*. Was im einzelnen hier in Betracht kommen kann, wird bei der jeweiligen Hilfeart näher erläutet werden.

2. Abschnitt: Der Einsatz des Einkommens

Vom Hilfesuchenden wird nicht verlangt, daß er sein gesamtes Einkommen für den Bedarf in besonderen Lebenslagen, z. B. für die ärztliche Behandlung oder für die Anschaffung eines Hörgerätes, aufwendet. Nur soweit das Einkommen über der in den §§ 79, 80, 81 BSHG festgesetzten *Einkommensgrenze liegt*, kann von ihm gemäß den §§ 28, 29 BSHG ein Kostenbeitrag verlangt oder die Gewährung von Sozialhilfe auch abgelehnt werden.

In jedem Falle ist es also erforderlich, das *Einkommen* des Hilfesuchenden der im Bundessozialhilfegesetz festgesetzten *Einkommensgrenze*, die für jede Hilfeart verschieden ist, *gegenüberzustellen*. Eine besonders günstige Einkommensgrenze ist z. B. für die ärztliche Behandlung und die Berufsausbildung von Körperbehinderten vorgesehen, während die Krankenhilfe und die Ausbildungshilfe weniger bevorzugt sind. Nähere Ausführungen hierzu sind bei den einzelnen Hilfearten zu finden.

Das Gesetz unterscheidet bei Berechnung der Einkommensgrenze, ob der Hilfesuchende verheiratet ist und mit seinem Ehegatten zusammenlebt, ob er minderjährig und unverheiratet ist und bei seinen Eltern lebt oder ob keine dieser beiden Voraussetzungen zutreffen.

Ist der *Hilfesuchende verheiratet* und lebt er mit seinem Ehegatten zusammen, so wird vom Gesetzgeber angenommen, daß eine gemeinsame Haushaltswirtschaft geführt wird. Das Einkommen beider Ehegatten wird daher zusammengerechnet. Schematisch wird das Einkommen der Einkommensgrenze dann wie folgt gegenübergestellt:

Einkommen:	Einkommensgrenze:
1. Einkommen des Hilfesuchenden 2. Einkommen des Ehegatten	1. *Grundbetrag* (je nach Hilfeart das Doppelte des Regelsatzes eines Haushaltsvorstandes oder pauschal DM 500,—) 2. die *Kosten der Unterkunft* 3. ein *Familienzuschlag* je nach Hilfeart von DM 80,— oder DM 100,— für den Ehegatten und für jede Person, die bisher aus dem Familieneinkommen überwiegend unterhalten worden ist 4. *besondere Belastungen* im Sinne von § 84 Absatz 1 BSHG

Ist der Hilfesuchende *minderjährig und unverheiratet und lebt er im Haushalt seiner Eltern*, so wird neben seinem Einkommen auch das Einkommen beider Elternteile wie folgt berücksichtigt:

Einkommen:	Einkommensgrenze:
1. Einkommen des Hilfesuchenden 2. Einkommen des Vaters 3. Einkommen der Mutter	1. *Grundbetrag* (je nach Hilfeart das Doppelte des Regelsatzes eines Haushaltsvorstandes oder pauschal DM 500,—) 2. die *Kosten der Unterkunft* 3. ein *Familienzuschlag* je nach Hilfeart von DM 80,— oder DM 100,— für einen Elternteil sowie für den Hilfesuchenden und für jede Person, die bisher aus dem Familieneinkommen überwiegend unterhalten worden ist 4. *besondere Belastungen* im Sinne von § 84 Absatz 1 BSHG

In allen anderen Fällen wird nur das Einkommen des Hilfesuchenden selbst berücksichtigt, während die Einkommensgrenze in gleicher Weise wie oben errechnet wird.

Übersteigt das zu berücksichtigende Einkommen diese Einkommensgrenze, so muß ein angemessener *Kostenbeitrag* z. B. für die Berufsausbildung oder für die ärztliche Behandlung geleistet werden. Dieser Kostenbeitrag kann sowohl von dem Hilfesuchenden selbst wie auch bei entsprechendem Einkommen von dem Ehegatten oder von den Eltern des minderjährigen Hilfesuchenden verlangt werden (§§ 29, 28 BSHG). Liegt jedoch das Familieneinkommen unter der Einkommensgrenze, so erhält der Hilfesuchende in vollem Umfange öffentliche Hilfe.

Davon gilt indessen eine Ausnahme: Bei Aufnahme des Hilfesuchenden in einem Heim oder in einem Krankenhaus, in dem der gesamte Lebensbedarf gedeckt wird, können als Kostenbeitrag die *häuslichen Ersparnisse* vom Sozialamt in Anspruch genommen werden, auch wenn das Familieneinkommen unter der Einkommensgrenze liegt (§ 85 Nr. 3 BSHG).

Beispiel einer Einkommensberechnung:

In einer Familie mit zwei Kindern ist für ein Kind eine spezialärztliche mehrmonatige Behandlung in einer Kinderklinik notwendig:

Allgemeine Grundsätze für die Hilfen in besonderen Lebenslagen

Einkommen:

Vater	600,— DM
Mutter	200,— DM
	800,— DM

Einkommensgrenze:

2 × Regelsatz von DM 120,—	240,— DM
Miete	160,— DM
3 Familienzuschläge von je DM 80,—	240,— DM
	640,— DM

Das Einkommen übersteigt die Einkommensgrenze um DM 160,—. Es wird ein Kostenbeitrag von DM 80,— im Monat verlangt. Häusliche Ersparnisse bestehen nicht, weil die Eltern das Kind mehrmals im Monat besuchen und dadurch besondere Aufwendungen haben.

3. Abschnitt: Der Einsatz des Vermögens

Ebenso wie bei der Hilfe zum Lebensunterhalt sind auch bei den Hilfen in besonderen Lebenslagen die in § 88 angegebenen Vermögenswerte von der Pflicht zur Verwertung ausgenommen (vergleiche Seite 17). Der Freibetrag für Barvermögen des Hilfesuchenden beträgt hier jedoch nicht DM 1000,—, sondern DM 2000,—. Die Zuschläge für den Ehegatten und für die Kinder sind gleich, betragen also auch hier DM 500,— und DM 200,—.

4. Abschnitt: Die Inanspruchnahme von Unterhaltspflichtigen und anderen Stellen wegen Erstattung der Aufwendungen

Auch bei den Hilfen in besonderen Lebenslagen kann der Träger der Sozialhilfe Renten- und Unterhaltsansprüche des Hilfesuchenden für die Zeit, für die Hilfe gewährt wird, auf sich überleiten, um auf diese Weise Ersatz seiner Aufwendungen zu erlangen. Für die Überleitung dieser Ansprüche des Hilfesuchenden sind wie bei der Hilfe zum Lebensunterhalt die §§ 90, 91 BSHG maßgebend. Bei allen Hilfen in besonderen Lebenslagen gilt hier jedoch eine Einschränkung zugunsten des Hilfesuchenden und eine Einschränkung zugunsten des Unterhaltspflichtigen:

1. Die *Einschränkung zugunsten des Hilfesuchenden* hängt mit der Einkommensgrenze zusammen und ergibt sich aus § 90 Absatz 1 Satz 3: „Der Übergang des Anspruchs darf nur insoweit bewirkt werden, als die Hilfe bei rechtzeitiger Leistung des anderen nicht gewährt worden wäre." Gilt z. B. für den Hilfesuchenden, der verheiratet

ist und zwei Kinder hat, eine Einkommensgrenze von DM 700,— (2 × DM 120,— + Miete von DM 160,— + Familienzuschläge von DM 300,—) und *steht ihm ein Unterhaltsanspruch gegen seinen Vater von DM 450,—* zu, so müßte Hilfe in besonderen Lebenslagen selbst dann gewährt werden, wenn dieser Unterhalt laufend gezahlt würde. Denn auch dann bliebe das Einkommen des Hilfesuchenden unterhalb der Einkommensgrenze (DM 700 : DM 450). Dem Hilfesuchenden darf daher dieser Unterhaltsanspruch nicht auf dem Wege der Überleitung nach den §§ 90, 91 BSHG genommen werden. Beträgt jedoch z. B. ein Pensionsanspruch DM 800,—, so käme eine Überleitung in Höhe von DM 100,— in Betracht (DM 700 : DM 800).

2. Die *Einschränkung zugunsten des Unterhaltspflichtigen* ergibt sich aus § 91 Absatz 1 BSHG. Danach gelten die Vorschriften über die Einkommensgrenze und die Pflicht zur Verwertung des Vermögens, die an sich nur für den Hilfesuchenden gedacht sind, auch zugunsten des Unterhaltspflichtigen. Nur soweit das Einkommen des Unterhaltspflichtigen diese Einkommensgrenze übersteigt, kann er im Wege der Überleitung vom Sozialamt zum Unterhalt herangezogen werden. Befindet sich z. B. die Mutter des unterhaltspflichtigen Sohnes, der verheiratet ist und zwei Kinder hat, in einer Heil- und Pflegeanstalt, so ergibt sich für den Sohn eine Einkommensgrenze von DM 750,— (2 × DM 120,— + Miete von DM 210,— + Familienzuschläge von DM 300,—). Beträgt sein Einkommen DM 900,—, so wird man einen Unterhaltsbeitrag von monatlich DM 70,— fordern können. Auch die Verwertung von Vermögen, das nach § 88 BSHG frei ist, kann nicht von ihm verlangt werden, um der Unterhaltspflicht nachkommen zu können.

5. Abschnitt: Kostenersatz

Eine Pflicht zum Kostenersatz bei den Hilfen in besonderen Lebenslagen besteht nur nach § 92 Absatz 2 BSHG. Ersatzpflichtig ist danach, wer nach Vollendung des 18. Lebensjahres bei sich oder bei seinen unterhaltsberechtigten Angehörigen die Voraussetzungen für die Gewährung von Sozialhilfe *vorsätzlich oder grob fahrlässig* herbeigeführt hat.

5. Kapitel

Hilfe zur Pflege

Unter den verschiedenen Hilfearten in besonderen Lebenslagen erforderte die Hilfe zur Pflege im Jahre 1963 den weitaus größten finanziellen Aufwand. In diesem Jahre erhielten 165 000 Hilfesuchende insgesamt 483,9 Mill. DM an Hilfe zur Pflege, das waren 26 vH des Gesamtaufwandes für Sozialhilfe.

Hilfe zur Pflege erhalten nach den §§ 68, 69 BSHG Personen, die infolge Krankheit oder Behinderung — z. B. wegen geistiger Erkrankung, wegen Lähmungen oder wegen des Verlustes mehrerer Gliedmaßen — so hilflos sind, daß sie nicht ohne Wartung und Pflege bestehen können. Auch hier wird geprüft, inwieweit der Hilfesuchende durch Einsatz von Einkommen und Vermögen sich die erforderliche persönliche Hilfe anderer selbst beschaffen kann.

1. Abschnitt: Der Pflegebedarf

Ist die Behinderung oder die Erkrankung so erheblich, daß ständige Pflege in einem Heim oder in einer Anstalt durch geschulte Fachkräfte unter ärztlicher Aufsicht notwendig ist, so sind als Pflegebedarf die Kosten der Heimunterbringung zuzüglich eines angemessenen Taschengeldes anzuerkennen.

Reicht häusliche Pflege aus, so werden nach § 69 BSHG folgende vier Fälle unterschieden:

1. Ein Pflegebedürftiger, der das dritte Lebensjahr vollendet hat, ist *so hilflos, daß er für die gewöhnlichen und regelmäßig wiederkehrenden Verrichtungen* im Ablauf des täglichen Lebens *in erheblichem Umfange der Wartung und Pflege dauernd bedarf.* In diesem Falle ist ein pauschaler Pflegebedarf von monatlich DM 100,— anzuerkennen, vorausgesetzt, daß die notwendige Pflege durch nahestehende Personen oder im Wege der Nachbarschaftshilfe tatsächlich voll oder im wesentlichen Umfange übernommen wird. Der Pflegebedürftige soll diesen Geldbetrag zur Verfügung haben, um für die ihm von anderen gewährte Pflege ein Entgelt zahlen zu können.

2. Erfordert der Zustand des Hilfesuchenden eine *außergewöhnliche Pflege*, so ist unter den übrigen eben genannten Voraussetzungen das Pflegegeld angemessen zu erhöhen.
3. Ist eine erhebliche dauernde Pflege nicht notwendig, wohl aber eine *gelegentliche persönliche Unterstützung*, so ist für den Hilfesuchenden ein Bedarf in Höhe des Geldbetrages anzuerkennen, der notwendig ist, um der Pflegeperson die notwendigen Aufwendungen zu erstatten und ein zusätzliches Taschengeld zu gewähren.
4. Wird die notwendige Pflege nicht durch Personen, die dem Hilfesuchenden nahestehen, oder im Wege der Nachbarschaftshilfe übernommen, so ist ein Pflegebedarf in Höhe der angemessenen Kosten für die *Beauftragung einer geeigneten Pflegeperson* anzuerkennen. Das Sozialamt kann auch unmittelbar eine Pflegeperson beauftragen.

Daneben sollen nach § 68 Absatz 2 BSHG — auch im Falle von Heimpflege — Hilfsmittel bewilligt werden, die zur Erleichterung der Beschwerden beitragen, eine angemessene Bildung ermöglichen oder Anregungen kultureller Art vermitteln können: z. B. ein besonderer Krankenfahrstuhl, ein Rundfunkempfänger oder ein Fernsehapparat.

2. Abschnitt: Die Einkommensgrenze

Die Einkommensgrenze für die Hilfe zur Pflege wird wie folgt errechnet:

2 × Regelsatz für Haushaltsvorstand

Kosten der Unterkunft

Familienzuschläge von DM 100,— je Person.

Sinnwidrig ist die Einkommensgrenze dann, wenn ein Pflegebedürftiger — z. B. ein Geisteskranker — mit eigenem Einkommen und ohne jede Unterhaltspflichten für dauernd in ein Heim oder eine Anstalt eingewiesen wird, in der der gesamte Lebensbedarf gedeckt wird. Um zu vermeiden, daß in solchen Fällen ein Kapital angesammelt wird, das doch nur den Erben zugute käme, kann nach § 85 Nr. 3 Satz 2 BSHG *das gesamte Einkommen* — bis auf ein Taschengeld — zur Deckung der Unterbringungskosten *vom Sozialamt in Anspruch genommen werden.*

Rechtsprechung

Dauernde Pflegebedürftigkeit im Sinne von § 69 Abs. 3 BSHG liegt schon dann vor, wenn der Hilfesuchende zunächst für eine bestimmte Zeit — hier ein Jahr — sicher pflegebedürftig ist und für die darauffolgende Zeit eine Beurteilung noch nicht möglich ist.
(VG Düsseldorf, Urteil vom 6. 12. 1964, ZfS 1965/361)

6. Kapitel

Die Tuberkulosehilfe

Auch die Tuberkulosehilfe zählt zu den Hilfen in besonderen Lebenslagen, die verhältnismäßig hohe Aufwendungen erfordern. Im Jahre 1963 waren hierfür 148,7 Mill. DM erforderlich, das waren 8 vH des Gesamtaufwandes an Sozialhilfe. Es wurden 141 000 Empfänger gezählt.

Durch die Tuberkulosehilfe soll nicht nur die Heilung Tuberkulosekranker gefördert werden, sondern darüber hinaus auch die Umgebung des Kranken vor Ansteckung geschützt werden. Wegen dieser doppelten Zielsetzung wird die Hälfte der Aufwendungen vom Bund getragen (§ 66 BSHG).

1. Abschnitt: Der Bedarf

1. *Der Kranke selbst* hat nach den §§ 49, 50, 52, 55 und 56 BSHG Anspruch auf
   — stationäre und ambulante ärztliche Behandlung,
   — Behandlung in Kur- und Badeorten,
   — Versorgung mit Arznei-, Heil- und Verbandsmitteln, mit Körperersatzstücken und anderen Hilfsmitteln,
   — Schul- und Berufsausbildung, Berufsumschulung und sonstige Hilfe zur Erlangung eines Arbeitsplatzes, z. B. ein Kraftfahrzeug soweit notwendig,
   — Hilfe zum Lebensunterhalt während der ambulanten ärztlichen Behandlung und während einer Schonzeit, wobei ein Mehrbedarf von 50 vH des maßgebenden Regelsatzes anzuerkennen ist und auch besondere Ernährungszulagen zu bewilligen sind,
   — Beihilfen zur Haltung von Ersatzkräften im Haushalt oder im Kleinbetrieb (Soll-Leistung),
   — Mitwirkung bei der Wohnraumbeschaffung sowie Beihilfen und Darlehn zur Verbesserung der Wohnverhältnisse (Soll-Leistung).
2. *Folgende Angehörige des Kranken* haben nach § 52 BSHG Anspruch auf Hilfe zum Lebensunterhalt, wobei ein Mehrbedarf von 50 vH des Regelsatzes zuzubilligen und bei Ansteckungsgefahr eine besondere Ernährungszulage zu gewähren ist:

— Personen, zu deren Unterhalt der Kranke verpflichtet ist, wenn sie bis zu seiner Erkrankung mit ihm in häuslicher Gemeinschaft gelebt haben oder die Unterhaltspflicht nach der Erkrankung entstanden ist,
— Personen, denen der Kranke oder sein nicht getrennt lebender Ehegatte bis zur Erkrankung auf Grund rechtlicher oder sittlicher Pflicht regelmäßig Unterhalt gewährt hat,
— andere Personen, wenn sie in Wohngemeinschaft mit einem Kranken leben, der an einer ansteckungsfähigen Tuberkulose leidet, jedoch nur als „Soll-Leistung".

3. Schließlich *haben folgende Personen, die von Ansteckung durch den Tuberkulosekranken bedroht sind*, nach § 57 BSHG Anspruch auf vorbeugende Hilfe, also auf ärztliche Vorsorgeuntersuchungen, Kuraufenthalte oder vorübergehende Unterbringung in einem Heim:
— Minderjährige und Mütter, die in Wohngemeinschaft mit dem Kranken leben,
— andere Personen aus der Umgebung des Kranken, jedoch nur als „Kann-Leistung".

2. Abschnitt: Die Einkommensgrenze

Die Einkommensgrenze bei der Tuberkulosehilfe wird wie folgt berechnet:

1. für die Heilbehandlung des Kranken und alle Maßnahmen zur Eingliederung in das Arbeitsleben

    Grundbetrag von DM 500,—

    Kosten der Unterkunft

    Familienzuschläge von DM 100,— je Person,

2. bei der Hilfe zum Lebensunterhalt kann der Einsatz des gesamten Einkommens verlangt werden,

3. für alle übrigen Hilfen:

    2 × Regelsatz für Haushaltsvorstand

    Kosten der Unterkunft

    Familienzuschläge von DM 100,— je Person.

7. Kapitel

Krankenhilfe

Die in § 37 BSHG vorgesehene Krankenhilfe ist für alle die Personen wichtig, die aus irgendwelchen Gründen — z. B. als Selbständige — nicht Mitglied einer Krankenkasse sind oder bei denen die Leistungspflicht der Krankenkasse entfällt. Im Jahre 1963 erhielten 293 000 Personen Krankenhilfe im Gesamtbetrag von 118 Mill DM, das waren 6,3 vH des Gesamtaufwandes an Sozialhilfe.

1. Abschnitt: Der Bedarf

Zum anzuerkennenden Bedarf des Hilfesuchenden gehören
— stationäre und ambulante *ärztliche Behandlung* einschließlich der erforderlichen Arzneien und Verbandsmittel,
— *zahnärztliche* Behandlung und Zahnersatz,
— *alle sonstigen* zur Besserung und zur Linderung der Krankheitsfolgen *erforderliche Leistungen* wie Brille, Spezialschuhe, Stärkungsmittel und Kuren.

Der Hilfesuchende hat freie Arztwahl, wobei sich allerdings der Arzt zur Behandlung nach den Mindestsätzen der amtlichen Gebührenordnung bereiterklären muß.

2. Abschnitt: Die Einkommensgrenze

Die Einkommensgrenze errechnet sich bei der Krankenhilfe wie folgt:
2 × Regelsatz für Haushaltsvorstand
Kosten der Unterkunft
Familienzuschläge von DM 80,— je Person.

8. Kapitel

Eingliederungshilfe für Behinderte

Durch diese in den §§ 39 bis 47 BSHG geregelte Hilfeart sollen Personen, die vom Schicksal ganz besonders schwer getroffen worden sind, großzügig ärztliche Hilfe erhalten und in geeigneter Weise in das Erwerbsleben eingegliedert werden. Es handelt sich hier um Körperbehinderte (Verlust von Gliedmaßen oder Lähmungen sowie Spaltbildungen besonders im Mund), Blinde oder hochgradig Sehschwache, Taube, Stumme oder Sprachgestörte und Geistesschwache.

Im Jahre 1963 erhielten 58 000 Personen im Rahmen dieser Hilfeart 90,4 Mill. DM, also 4,8 vH des Gesamtaufwandes an Sozialhilfe.

1. Abschnitt: Der Bedarf

Der Hilfesuchende hat Anspruch auf

— ambulante oder stationäre *ärztliche Behandlung* (meistens in Spezialkliniken), Kuren und Kurse für gymnastische Übungen,
— *Körperersatzstücke* oder *sonstige Hilfsmittel* wie Fahrstuhl, Hörgerät, Spezialbrille, Schreibmaschine, Blindenführhund,
— *Schulausbildung, Berufsausbildung* oder *Berufsumschulung* in Sonderschulen, Blindenanstalten und ähnlichen Einrichtungen oder auf sonstige Ausbildung für eine angemessene Tätigkeit,
— *Hilfe zur Erlangung eines Arbeitsplatzes* z. B. durch Zuweisung eines Kraftfahrzeuges mit besonderer Bedienungsvorrichtung,
— *Hilfe zum Lebensunterhalt* unter Zubilligung eines Mehrbedarfs von mindestens 50 vH des Regelsatzes, wenn der Hilfesuchende während einer Schul- oder Berufsausbildung zu Hause wohnt.

Nähere Einzelheiten sind in der Eingliederungshilfe-Verordnung vom 27. Mai 1964 geregelt.

2. Abschnitt: Die Einkommensgrenze

Für die Versorgung des Hilfesuchenden mit Körperersatzstücken und größeren sonstigen Hilfsmitteln, für die ambulante und stationäre ärztliche Behandlung sowie für die Schul- und Berufsausbildung und Berufsumschulung in Heimen gilt folgende Einkommensgrenze:

Grundbetrag von DM 500,—

Kosten der Unterkunft

Familienzuschläge von DM 100,— je Person.

Für alle übrigen Hilfen — kleinere Hilfsmittel, Schul-, Berufsausbildung und Berufsumschulung von zu Hause aus sowie Hilfe zur Erlangung eines Arbeitsplatzes — wird die Einkommensgrenze wie folgt errechnet:

2 × Regelsatz für Haushaltsvorstand

Kosten der Unterkunft

Familienzuschläge von DM 100,— je Person.

Bei der Hilfe zum Lebensunterhalt kann der Einsatz des gesamten Einkommens verlangt werden.

Rechtsprechung

1. Auch eine späterblindete Ehefrau hat einen Anspruch auf Eingliederungshilfe in Form der Hilfe zur Ausbildung für eine angemessene Tätigkeit. Das gilt auch dann, wenn nach den Einkommensverhältnissen der Familie keine Hilfe zum Lebensunterhalt notwendig ist. Der Sozialhilfeträger ist daher verpflichtet, die notwendigen Ausbildungskosten für die Ausbildung zur Keramikerin zu tragen, damit die Hilfesuchende durch eine schöpferische Tätigkeit — Herstellung brauchbarer und verwertbarer keramischer Erzeugnisse — ihrem Leben mehr Inhalt geben und dadurch die Folgen der Erblindung mildern kann. Darin liegt auch ein angemessener Beitrag zur Sicherung der Lebensgrundlage. Im Interesse der Kostenersparnis und der angemessenen Verwendung öffentlicher Mittel kann im Rahmen eines vom Sozialhilfeträger aufzustellenden Gesamtplanes die Unterbringung in einem Heim zum Besuch einer Fachschule notwendig sein.
(Bayr. VGH, Urteil vom 13. 7. 1964, ZfS 1964/252)

2. Bei Abgrenzung der Eingliederungshilfe von der Krankenhilfe nach § 37 BSHG darf der Begriff Körperbehinderung nicht zu weit ausgelegt werden. Hier handelt es sich meistens um gewichtige Beeinträchtigungen mit einem chronischen Verlauf. Ein Knöchelbruch, der mit Wahrscheinlichkeit alsbald wieder vollständig ausheilt, ist keine Körperbehinderung. Kein Kriterium ist, ob eine vorhandene Behinderung beseitigt oder eine drohende Behinderung verhütet werden kann.
(VG Würzburg, Urteil vom 23. 10. 1964, ZfS 1965/271)

9. Kapitel

Blindenhilfe

Durch die Blindenhilfe gemäß § 67 BSHG, die am besten mit einer Rente verglichen werden kann, soll der Blinde instand gesetzt werden, sich der Hilfeleistung anderer beim Einkaufen, Spazierengehen, bei der Führung des Haushalts und bei anderen unzähligen Verrichtungen des Alltags zu versichern und dafür ein angemessenes Entgelt zu zahlen. Im Jahre 1963 erhielten 36 000 Personen Blindenhilfe im Gesamtbetrage von 72,4 Mill. DM, das waren 3,9 vH des Gesamtaufwandes an Sozialhilfe.

1. Abschnitt: Der Bedarf

Der Pflegebedarf eines Blinden ist je nach Alter verschieden. Der Gesetzgeber unterscheidet daher die Gruppen der drei- bis siebzehnjährigen Blinden und die Gruppe der Blinden ab 18 Jahre. Bei Festsetzung der Blindenhilfe mußte ferner berücksichtigt werden, daß der Blinde in einem Alters- oder Pflegeheim einen wesentlichen Teil der Pflege durch das dort vorhandene Personal erhält: er braucht nicht einzukaufen, braucht kein Essen zu kochen und wird meistens auch Hilfe bei Instandhaltung der Kleidung haben.

Der jeweils anzuerkennende Pflegebedarf eines Blinden ergibt sich aus der folgenden Tabelle:

Alter des Blinden	Blinde in Heimen	Blinde außerhalb von Heimen
3—17 Jahre	70,— DM	120,— DM
ab 18 Jahre	140,— DM	240,— DM

2. Abschnitt: Die Einkommens- und Vermögensgrenze

Die Einkommensgrenze, die bei der Blindenhilfe außergewöhnlich hoch ist, wird wie folgt berechnet:

Grundbetrag von DM 1000,—
Kosten der Unterkunft
Familienzuschläge von DM 100,— je Person
(ist der Ehegatte ebenfalls blind, gilt für ihn ein Familienzuschlag von DM 250,—).

Bei der Blindenhilfe bleiben Barbeträge und sonstige Geldwerte des Blinden im Sinne von § 88 Absatz 2 Nr. 8 BSHG bis zu DM 4000,— außer Betracht. Hinzu kommt für den Ehegatten des Blinden ein Betrag von DM 500,—, falls dieser ebenfalls blind ist, von DM 1500,—.

Rechtsprechung

1. Der geltendgemachte Anspruch auf Blindenhilfe geht nach dem Tode des Blinden auf die Erben über. Das gilt jedenfalls dann, wenn als alleiniger Vorerbe die Ehefrau in Betracht kommt, die mit dem Blinden in häuslicher Gemeinschaft gelebt hat und die Belastungen, die die Blindheit des Verstorbenen mit sich gebracht hat, menschlich und wirtschaftlich mitgetragen hat. Ihre wirtschaftliche Lage hat sich durch die Verzögerung der Auszahlung der Blindenhilfe verschlechtert, weil sie sich wirtschaftlich eingeschränkt, Schulden aufgenommen oder anrechnungsfreies Vermögen eingesetzt hat.
(VG Braunschweig, Urteil vom 8. 8. 1963, ND 1963/493)

2. Blindenhilfe ist jedenfalls dann vererblich, wenn Erbe des Blinden ein unterhaltspflichtiger Dritter ist, der die durch Blindheit bedingten Mehraufwendungen selbst aufgebracht hat oder sie noch aufbringen muß. Die Frage der Vererblichkeit öffentlichrechtlicher Ansprüche ist nach dem Zweck des Gesetzes durch Auslegung zu ermitteln.
(Hess. VGH, Urteil vom 3. 6. 1965, ZfS 65/363)

10. Kapitel

Vorbeugende Gesundheitshilfe

Durch diese in § 36 BSHG geregelte Hilfeart soll frühzeitig einer nach ärztlichem Urteil drohenden Erkrankung etwa durch Gewährung von Erholungskuren oder von Kräftigungsmitteln vorgebeugt werden.

Im Jahre 1963 erhielten 112 000 Personen insgesamt 55,7 Mill. DM für diesen Zweck.

1. Abschnitt: Der Bedarf

Das Gesetz erwähnt in § 36 als Kannleistung ärztliche Vorsorgeuntersuchungen und als Soll-Leistung sonstige vorbeugende Gesundheitshilfe nach ärztlichem Urteil. Hier sind insbesondere Erholungskuren, Kräftigungsmittel und Hilfe bei der Haushaltsführung gemeint.

2. Abschnitt: Die Einkommensgrenze

Es gilt hier folgende Einkommensgrenze:
2 × Regelsatz für Haushaltsvorstand
Kosten der Unterkunft
Familienzuschläge von DM 80,— je Person.

11. Kapitel

Ausbildungshilfe

Durch diese in den §§ 31 bis 35 BSHG geregelte Hilfeart wird gewährleistet, daß jedermann eine seinen Fähigkeiten entsprechende Schul- und Berufsausbildung auch dann erhält, wenn die Eltern in ungünstigen finanziellen Verhältnissen leben oder wenn ein oder beide Elternteile gestorben sind. Auf dem Gebiete des Hochschulstudiums hat das Bundessozialhilfegesetz bisher keine größere Bedeutung erlangen können, weil Studenten gegenwärtig vorrangig nach den Vorschriften des sogenannten Honnefer Modells gefördert werden.

Im Jahre 1963 erhielten 16 000 Personen insgesamt 14,8 Mill. DM an Ausbildungshilfe, das waren 0,8 vH des Gesamtaufwandes an Sozialhilfe.

1. Abschnitt: Der Bedarf

1. Der Besuch einer *mittleren Schule* (Mittelschule) ist zu fördern, wenn die Leistungen des Auszubildenden die Hilfe rechtfertigen, wenn also der erfolgreiche Abschluß gewährleistet erscheint.

2. Auf die Förderung zum Besuch einer *höheren Schule* (Oberschule oder Gymnasium) besteht dann ein Rechtsanspruch, wenn die Leistungen erheblich über dem Durchschnitt liegen oder wenn der Abbruch der Ausbildung z. B. nach längerem Schulbesuch ein Härte bedeuten würde.

3. Der Besucher einer *Fachschule* (z. B. einer Höheren technischen Lehranstalt) hat dann einen Anspruch auf Förderung, wenn die Leistungen über dem Durchschnitt liegen oder wenn der Abbruch der Ausbildung eine Härte bedeuten würde. Hilfe kann hier nach § 34 BSHG für eine angemessene Zeit vor Abschluß der Ausbildung als Darlehn gewährt werden.

4. Der Besuch einer *Hochschule* soll gefördert werden, wenn die Leistungen erheblich über dem Durchschnitt liegen oder wenn der Abbruch der Ausbildung eine Härte bedeuten würde. Auch hier kann die Hilfe auf die Gewährung von Darlehn beschränkt werden.

5. Die Förderung zum Besuch einer Einrichtung des sogenannten *2. Bildungsweges* (Abendoberschule oder Kolleg mit dem Ziele der Ablegung der Reifeprüfung) ist ebenfalls eine Soll-Leistung, wenn die Leistungen erheblich über dem Durchschnitt liegen oder der Abbruch der Ausbildung eine Härte bedeuten würde.
6. Die Förderung *jeder anderen Berufsausbildung*, insbesondere einer handwerklichen oder kaufmännischen Lehre, setzt voraus, daß der Auszubildende für den Beruf geeignet ist, seine Leistungen die Hilfe rechtfertigen, der Ausbildungsweg fachlich notwendig ist und der Beruf eine ausreichende Lebensgrundlage bietet.

Als Bedarf ist jeweils zur Deckung des Lebensunterhalts der maßgebende Regelsatz — bei über 14 Jahre alten Schülern zuzüglich eines Mehrbedarfszuschlages von 50 vH — anzuerkennen. Hinzu kommen die Kosten der Unterkunft sowie die zusätzlichen durch die Schul- oder Berufsausbildung entstehenden Kosten (Bücher, Straßenbahnfahrten, Studiengebühren).

In der Regel wird eine Ausbildung, die erst nach Vollendung des 25. Lebensjahres begonnen wird, nicht gefördert.

2. Abschnitt: Die Einkommensgrenze

Der Auszubildende ist nach § 86 Absatz 1 BSHG verpflichtet, sein gesamtes Einkommen zur Deckung seines Lebens- und Ausbildungsbedarfs einzusetzen.

Für seine Eltern, soweit der Auszubildende minderjährig ist, oder für den Ehegatten, soweit er verheiratet ist, gilt folgende Einkommensgrenze:

2 × Regelsatz für Haushaltsvorstand
Kosten der Unterkunft
Familienzuschläge von DM 80,— je Person, auch für den
Auszubildenden selbst.

Rechtsprechung

Ausbildungshilfe nach den §§ 31 ff. BSHG kann grundsätzlich nicht nach abgeschlossener Berufsausbildung zur Ausbildung in einem neuen Beruf oder zum Berufsaufstieg gewährt werden. Eine Ausnahme gilt für den zweiten Bildungsweg, wenn das Berufsziel von vornherein über den zweiten Bildungsweg angestrebt wurde.

Der Besuch einer Höheren Fachschule für Sozialarbeit ist dann zu fördern, wenn der Hilfesuchende einen solchen Entschluß schon während der früheren Berufsausbildung gefaßt hat und in dem erlernten Beruf später nur tätig war, um die Zulassungsbedingungen für den Fachschulbesuch zu erfüllen.

(VG Würzburg, Urteil vom 11. 6. 1965, ZfS 65/372)

12. Kapitel

Hilfe für Gefährdete

Aufgabe der Gefährdetenhilfe ist es nach den §§ 72 ff. BSHG, nichtseßhafte und innerlich haltlose Personen zu einem geordneten Leben hinzuführen. Das kann durch persönliche Hilfeleistung — Beschaffung von Unterkunft, Kleidung und Arbeit — oder durch Einweisung in ein Heim geschehen, in dem ständige Überwachung und Betreuung sichergestellt sind. Von der Gefährdetenhilfe werden nur Personen über 20 Jahre erfaßt. Jüngere Jugendliche werden nach dem Jugendwohlfahrtsgesetz im Rahmen der Fürsorgeerziehung oder der Freiwilligen Erziehungshilfe betreut.

Im Jahre 1963 erhielten 2000 Personen Gefährdetenhilfe. Für sie wurden 5,2 Mill. DM — ausschließlich für Heimunterbringung — aufgewandt.

1. Abschnitt: Der Bedarf

Gefährdetenhilfe besteht in der persönlichen Betreuung oder in der Übernahme der Heimkosten bei Aufnahme in ein Heim.

Das Besondere dieser Hilfeart ist, daß der Gefährdete auf Antrag der zuständigen Verwaltungsbehörde *durch Beschluß des Amtsgerichts auch zwangsweise in ein geschlossenes Heim eingewiesen werden kann*, wenn er besonders willensschwach oder hemmungslos ist, die Gefahr der Verwahrlosung besteht und wirksame Hilfe nur in einem Heim gewährt werden kann. Das Verfahren richtet sich nach dem Gesetz über das gerichtliche Verfahren bei Freiheitsentziehungen vom 29. Juni 1956. Die zwangsweise Unterbringung dauert so lange an, bis der Gefährdete an ein geordnetes Leben gewöhnt ist.

2. Abschnitt: Die Einkommensgrenze

Gefährdetenhilfe wird nach § 72 Absatz 3 BSHG ohne Rücksicht auf vorhandenes Einkommen oder Vermögen gewährt. Bei Hilfe in einer Anstalt oder in einem Heim kann von dem Gefährdeten ein angemessener Kostenbeitrag verlangt werden. Unterhaltspflichtige können hier nicht herangezogen werden.

12. Kapitel

Rechtsprechung

Die gerichtliche Aufenthaltsanweisung ermächtigt grundsätzlich die Heimleitung, den Untergebrachten abzuschließen. Ihr muß ein Rat des überörtlichen Trägers der Sozialhilfe vorausgehen, in dem eine oder mehrere bestimmte Anstalten bezeichnet werden. Die gerichtliche Aufenthaltsanweisung setzt nicht voraus, daß die Unterbringung Erfolg verspricht. In ihr braucht eine bestimmte Anstalt nicht bezeichnet zu werden.

(Bayr. Oberstes Landesgericht, Beschluß vom 12. 10. 1964, ZfS 1965/24)

13. Kapitel

Hilfe zur Weiterführung des Haushalts

Wenn bei einer mehrköpfigen Familie die Hausfrau erkrankt oder zur Kur verschickt werden muß, stellt sich die Frage, wie der Haushalt weitergeführt werden soll und die Kinder betreut werden können. Hier die erforderliche Hilfe zu gewährleisten ist Sinn des § 70 BSHG über die Hilfe zur Weiterführung des Haushalts.

Im Jahre 1963 sind für 12 000 Personen im Rahmen dieser Hilfeart insgesamt 5 Mill. DM aufgewandt worden.

1. Abschnitt: Der Bedarf

Die Hilfe besteht entweder aus der persönlichen Betreuung der Haushaltsangehörigen durch Kräfte des Sozialamtes, in der Übernahme der Kosten einer Haushälterin oder in der Zahlung eines Entgeltes für Hilfe durch Nachbarn, Verwandte oder Freunde. Die Hilfe kann auch in der Weise gewährt werden, daß die Kinder und z. B. der ältere hilflose Ehegatte auf Kosten des Sozialamtes in einem Heim untergebracht werden.

Voraussetzung für diese Hilfeleistung ist, daß die Weiterführung des Haushalts geboten ist und nur eine vorübergehende Hilfe erforderlich ist. Es handelt sich hier um eine Soll-Leistung.

2. Abschnitt: Die Einkommensgrenze

Die Einkommensgrenze wird wie folgt berechnet:
2 × Regelsatz für Haushaltsvorstand
Kosten der Unterkunft
Familienzuschlag von DM 80,— je Person.

Bei der Unterbringung in einem Heim kann auch der Einsatz des Einkommens unterhalb der Einkommensgrenze verlangt werden, soweit Aufwendungen für den häuslichen Lebensunterhalt erspart werden.

14. Kapitel

Altenhilfe

Die Altenhilfe soll nach § 75 BSHG dazu beitragen, Schwierigkeiten, die durch das Alter entstehen, zu überwinden und Vereinsamung im Alter zu verhüten. Im Jahre 1963 sind für 15 000 Personen etwa 3,5 Mill. DM aufgewendet worden.

1. Abschnitt: Der Bedarf

Das Gesetz sieht hier überwiegend persönliche Hilfeleistungen durch hauptamtliche oder ehrenamtliche Kräfte des Sozialamtes vor. Erwähnt ist die Vermittlung einer angemessenen und gewünschten Beschäftigung im Alter und die Hilfe bei der Beschaffung einer geeigneten Wohnung. Zu nennen ist hier ferner besonders in Großstädten die Beschaffung von Kino- und Theaterkarten und finanzielle Hilfe beim Besuch von Verwandten, um so der Vereinsamung entgegenzuwirken. Zunehmend an Bedeutung gewinnt in großen Städten auch die Einrichtung von Altentagesstätten, in denen sich ältere Menschen treffen und Zerstreuung durch Bücher, Zeitungen und Filmvorführungen finden können.

2. Abschnitt: Die Einkommensgrenze

Persönliche Hilfe kann ohne Rücksicht auf vorhandenes Einkommen und Vermögen gewährt werden.

Für *materielle* Hilfe gilt folgende Einkommensgrenze:
2 × Regelsatz für Haushaltsvorstand
Kosten der Unterkunft
Familienzuschläge von DM 80,— je Person.

15. Kapitel

Hilfe zum Aufbau oder zur Sicherung der Lebensgrundlage

Es liegt im Sinne des Gesetzes, Hilfesuchende, die an sich auf laufende Sozialhilfe zum Lebensunterhalt angewiesen sind, möglichst zu einer eigenen wirtschaftlichen Lebensgrundlage zu verhelfen. Die rechtliche Grundlage hierfür ist § 30 BSHG, in dem die Hilfe zum Aufbau oder zur Sicherung der Lebensgrundlage geregelt ist.

Im Jahre 1963 erhielten 1000 Personen auf Grund dieser Bestimmung 1,3 Mill. DM, mithin durchschnittlich je Person 1300,— DM.

1. Abschnitt: Der Bedarf

Da es sich hier um eine *„Kann-Leistung"* handelt, liegt es im Ermessen der Behörde, ob Hilfe dieser Art gewährt werden soll oder nicht. Im Ermessen der Behörde steht es ferner, ob die Hilfe lediglich als Darlehn oder als Beihilfe gegeben wird.

Um Hilfe im Sinne von § 30 BSHG handelt es sich z. B., wenn die Anschaffung eines Motorrades oder eines gebrauchten Kraftwagens unterstützt wird, um dem Hilfesuchenden eine Vertretertätigkeit oder die Annahme eines entfernt liegenden Arbeitsplatzes zu ermöglichen. Beihilfen können ferner gegeben werden, um die erforderlichen Gerätschaften — Schreibmaschine, Strickmaschine — zur Annahme von Heimarbeit anzuschaffen oder um die Aufrechterhaltung oder Einrichtung eines kleinen Geschäftes zu ermöglichen.

2. Abschnitt: Die Einkommensgrenze

Hilfe dieser Art soll nach § 30 Absatz 2 BSHG nur gewährt werden, wenn dem Hilfesuchenden sonst voraussichtlich Hilfe zum Lebensunterhalt gewährt werden müßte. Daraus folgt, daß der Hilfesuchende ohne jedes gesicherte Einkommen, das den Regelsatz der Hilfe zum Lebensunterhalt erreicht, sein muß.

16. Kapitel

Hilfe in anderen besonderen Lebenslagen

Die im Bundessozialhilfegesetz geregelten verschiedenen Arten der Hilfen in besonderen Lebenslagen, die bisher in der Reihenfolge ihrer finanziellen Bedeutung erörtert worden sind, sind nicht erschöpfend. Der Gesetzgeber kann nicht alle Fälle, in denen öffentliche Hilfe notwendig und angebracht erscheint, vorausschauend regeln. § 27 Absatz 2 BSHG eröffnet daher die Möglichkeit, auch in anderen besonderen Lebenslagen nach billigem Ermessen der Behörde Hilfe zu leisten. Im Jahre 1963 sind auf Grund dieser Bestimmung 12 000 Personen mit insgesamt 2 Mill. DM unterstützt worden.

17. Kapitel

Behördenaufbau

Das Bundessozialhilfegesetz wird nach § 96 BSHG von den *örtlichen* und *überörtlichen* Trägern der Sozialhilfe durchgeführt.

1. Abschnitt: Die überörtlichen Träger der Sozialhilfe

Die überörtlichen Träger der Sozialhilfe wurden durch die von den einzelnen Bundesländern erlassenen Ausführungsgesetze zum Bundessozialhilfegesetz wie folgt bestimmt:

Baden-Württemberg: die Landeswohlfahrtsverbände in Karlsruhe und Stuttgart

Bayern: die Bezirke

Hessen: der Landeswohlfahrtsverband in Kassel

Nordrhein-Westfalen: die Landschaftsverbände in Köln und Münster

Berlin: Der Senator für Arbeit und soziale Angelegenheiten

Bremen: das Landessozialamt

Hamburg: das Landessozialamt

Niedersachsen: das Landessozialamt in Hannover, jedoch für den Verwaltungsbezirk Braunschweig der Verwaltungspräsident, und für den Verwaltungsbezirk Oldenburg der Landessozialhilfeverband in Oldenburg

Rheinland-Pfalz: das Landessozialamt in Koblenz

Saarland: der Minister für Arbeit und Sozialwesen

Schleswig-Holstein: das Landessozialamt in Kiel

} Träger im Rechtssinne ist das Land

Der überörtliche Träger der Sozialhilfe ist zuständig für alle die Hilfearten, bei denen ein besonders *hoher finanzieller Aufwand* oder besonders *spezialisierte Sachkunde* erforderlich ist. Hierunter fällt nach § 100 BSHG die *Anstalts- oder Heimunterbringung von Körperbehinderten, Blinden, Tauben, Stummen, Geistesschwachen, Geisteskranken,*

Epileptikern, Suchtkranken, Gefährdeten und Nichtseßhaften. Die überörtlichen Träger sind ferner zuständig für die *Ausbildungshilfe zum Besuch von Hochschulen,* für die *Blindenhilfe,* für die *Tuberkulosehilfe* und für die Versorgung mit *Körperersatzstücken* und größeren orthopädischen und anderen Hilfsmitteln. Schließlich ist die Zuständigkeit durch die Landesausführungsgesetze vielfach noch ausgedehnt worden auf die Hilfe für Krebskranke, für Nichtseßhafte außerhalb von Anstalten und Heimen, für die Ausbildungshilfe zum Besuch von Fachschulen, und in Bayern für die Sozialhilfe an Ausländer und Staatenlose.

Rechtsprechung

Der überörtliche Träger der Sozialhilfe ist nach § 100 Abs. 1 Ziffer 1 BSHG nur dann zuständig, wenn der Hilfesuchende sich tatsächlich in einer Anstalt befindet und die Behinderung mit dem Anstaltsaufenthalt in adäquatem Zusammenhang steht. Solange der Hilfesuchende z. B. wegen Überfüllung der Anstalt oder aus persönlichen Gründen zu Hause versorgt wird, bleibt der örtliche Träger der Sozialhilfe zuständig.
(OVG Münster, Urteil vom 8. 10. 1964, ZfS 1965/46)

2. Abschnitt: Die örtlichen Träger der Sozialhilfe

Örtliche Träger der Sozialhilfe, die für die übrigen Aufgaben nach dem Bundessozialhilfegesetz zuständig sind, sind nach § 96 Absatz 1 BSHG die *kreisfreien Städte* und die *Landkreise,* die diese Aufgaben als *Selbstverwaltungsangelegenheit* durchführen. Sie sind an Weisungen der Regierungspräsidien oder der Länderministerien nicht gebunden und entscheiden auch selbst über Widersprüche gegen die Versagung der Sozialhilfe, für die sie selbst zuständig sind.

Die örtlichen Träger sind insbesondere zuständig für die Hilfe zum Lebensunterhalt, für die Hilfe zur häuslichen Pflege, für die Krankenhilfe und für alle anderen oben nicht erwähnten Hilfearten.

3. Abschnitt: Amtshilfe und Delegation

Den überörtlichen Trägern der Sozialhilfe ist in den Ausführungsgesetzen der Länder durchweg die Befugnis eingeräumt worden, bei Durchführung ihrer Aufgaben die Hilfe der örtlichen Träger — der kreisfreien Städte und der Landkreise — in Anspruch zu nehmen. Die örtlichen Sozialämter nehmen nicht nur die Anträge der Hilfesuchenden entgegen, sondern prüfen auch die häuslichen Verhältnisse, ja entscheiden sogar für den überörtlichen Träger in bestimmten Fällen und zahlen Sozialhilfe für Rechnung des überörtlichen Trägers aus. Nur über Widersprüche des Hilfesuchenden muß in jedem Falle vom überörtlichen Träger selbst entschieden werden (§ 96 Absatz 2 BSHG).

In ähnlicher Weise bedienen sich die Sozialämter der Landkreise der Hilfe der kreisangehörigen Gemeinden, in Nordrhein-Westfalen der Amtsverwaltungen und in Niedersachsen der Samtgemeinden. Damit wird der Tatsache Rechnung getragen, daß der Hilfesuchende, der über diese Zuständigkeitsregelungen nicht unterrichtet sein kann, sich in der Regel an seine Gemeinde um Hilfe wendet.

18. Kapitel

Die Kosten der Sozialhilfe

Grundsätzlich fallen die Aufwendungen nach dem Bundessozialhilfegesetz demjenigen Träger der Sozialhilfe endgültig zur Last, bei dem sie entstehen. Das ist jeweils die kreisfreie Stadt oder der Landkreis als örtlicher Träger oder der Landeswohlfahrtsverband als überörtlicher Träger, in dessen Zuständigkeitsbereich sich der Hilfesuchende tatsächlich aufhält (§ 97 BSHG). Nur bei der Ausbildungshilfe kommt es auf den gewöhnlichen Aufenthalt des Unterhaltspflichtigen an (§ 98 BSHG). Von diesem Grundsatz gibt es indessen drei für die Finanzwirtschaft des Sozialhilfeträgers wichtige Ausnahmen.

1. Abschnitt: Die Tuberkulosehilfe

Nach § 66 BSHG trägt der Bund die Hälfte der Aufwendungen, die im Rahmen der Tuberkulosehilfe für die stationäre Behandlung des Kranken, für die Wiedereingliederung in das Arbeitsleben, für Ernährungszulagen an den Kranken und für einige andere unbedeutendere Aufwendungen entstehen.

2. Abschnitt: Kostenerstattung zwischen Trägern der Sozialhilfe

Kreisfreie Städte, in denen größere Krankenhäuser, Altersheime, Jugendheime und Kinderheime vorhanden sind, wären finanziell erheblich benachteiligt, wenn sie die Aufwendungen an Sozialhilfe auch für diejenigen Hilfesuchenden in diesen Anstalten und Heimen tragen müßten, die aus der näheren und weiteren Umgebung aufgenommen worden sind. § 103 BSHG gibt daher diesen Städten einen Erstattungsanspruch für alle Aufwendungen gegenüber demjenigen Landkreis, in dem sich der Hilfesuchende vor der Aufnahme in die Anstalt gewöhnlich aufgehalten hat. Ist der gewöhnliche Aufenthalt nicht zu ermitteln oder nicht vorhanden — z. B. bei Nichtseßhaften —, so ist der zuständige überörtliche Träger zur Kostenerstattung verpflichtet. Wird ein Kind in einem solchen Heim geboren, so kommt es auf den früheren gewöhnlichen Aufenthalt der Mutter an (§ 105 BSHG). Eine gleichartige Kostenerstattungspflicht besteht im Falle der Hilfsbedürftigkeit unmittelbar nach Entlassung aus der Anstalt (§ 103 Absatz 3) und bei Unterbringung von Jugendlichen in Familien zur Pflege an anderen Orten (§ 104).

Eine weitere Kostenerstattungspflicht ist nach § 107 BSHG auch bei pflichtwidrigem Handeln eines Sozialamtes vorgesehen, wenn also ein Sozialamt einem Hilfesuchenden die notwendige Hilfe versagt und ihn z. B. durch Hingabe von Reisegeld veranlaßt, sich an eine andere Stadt zu wenden.

Zur Entscheidung über Streitigkeiten über die Pflicht zur Kostenerstattung sind an sich die Verwaltungsgerichte berufen. Fast alle Träger der Sozialhilfe sind jedoch einer Schiedsgerichtsvereinbarung beigetreten, die in der in den übrigen Punkten sachlich gegenstandslos gewordenen Fürsorgerechtsvereinbarung vom 18. September 1947 enthalten ist. Danach sind in den einzelnen Bundesländern bei bestimmten überörtlichen Trägern der Sozialhilfe *Spruchstellen für Sozialhilfe-Streitsachen* eingerichtet worden, die über diese Streitigkeiten wesentlich schneller und billiger entscheiden.

3. Abschnitt: Die Kriegsfolgenhilfe

Ein weiterer Anspruch auf Kostenerstattung für den Aufwand an Sozialhilfe ergibt sich für die Träger der Sozialhilfe aus Artikel 120 Absatz 1 des Grundgesetzes, wonach u. a. der Bund die Aufwendungen für die inneren Kriegsfolgelasten nach näherer Bestimmung eines Bundesgesetzes trägt.

Zur Ausführung dieses Artikels ist das Erste Überleitungsgesetz in der Fassung vom 28. April 1955 und die Erste Durchführungsverordnung dazu vom 27. Februar 1955 ergangen, wonach der Bund 80 vH der Aufwendungen an Sozialhilfe für die Zugewanderten aus der sowjetischen Besatzungszone und aus der Stadt Berlin (Sowjetzonenflüchtlinge) erstattet. Dabei gelten bestimmte Stichtage. Für die Sozialhilfeaufwendungen an Heimatvertriebene, Evakuierte, Ausländer und Staatenlose werden vom Bund Pauschbeträge erstattet, die wie folgt errechnet werden: Die Aufwendungen für die Zeit von Juli 1953 bis Juni 1954 werden als Grundbetrag angesehen. Von diesem Grundbetrag wird jedes Jahr ein sich vermindernder Prozentsatz gezahlt. So sind für 1966 35 vH, für 1967 25 vH und für 1968 15 vH vorgesehen. Ab 1. April 1969 fällt die Zahlung von Pauschbeträgen weg.

19. Kapitel

Die Verbände der freien Wohlfahrtspflege

Eine Darstellung des geltenden Sozialhilferechts wäre unvollständig, wenn nicht auf die unentbehrliche Tätigkeit der Verbände der freien Wohlfahrtspflege eingegangen würde. Deren Bedeutung wird schon dadurch dokumentiert, daß sie im Bundessozialhilfegesetz in zahlreichen Bestimmungen erwähnt werden.

Der größte der sechs Wohlfahrtsverbände ist der *Deutsche Caritasverband e.V.* mit Sitz in Freiburg, der mit der katholischen Kirche organisatorisch eng verbunden ist. Ihm gehören an zahlreiche Diözesan-Caritasverbände mit Untergliederung in Bezirkssekretariate, Ortssekretariate und Pfarr-Caritasstellen sowie zahlreiche Fachvereinigungen, von denen hier nur der Sozialdienst katholischer Männer und der Katholische Fürsorgeverein für Mädchen, Frauen und Kinder erwähnt werden sollen. Im Rahmen des Caritasverbandes werden über 10 000 geschlossene oder halboffene Heime und Anstalten unterhalten, in denen zu einem erheblichen Teil Ordensschwestern tätig sind.

Ebenfalls von erheblicher Bedeutung ist auf evangelischer Seite die *„Innere Mission und das Hilfswerk der Evangelischen Kirche"* mit Sitz in Stuttgart. Dieser Verband ist ebenfalls regional entsprechend den kirchlichen Grenzen gegliedert. Er unterhält über 3000 Einrichtungen der geschlossenen Fürsorge und über 4000 Einrichtungen der halboffenen Fürsorge wie Kindertagesstätten usw.

Die *Arbeiterwohlfahrt* ist eine sozialdemokratische Gründung, deren Schwergewicht auf dem Gebiete der offenen Fürsorgearbeit liegt. Sie ist organisatorisch gegliedert in über 5000 Ortsausschüsse und einen Hauptausschuß in Bonn und unterhält etwa 700 Einrichtungen der geschlossenen und halboffenen Fürsorge.

Daneben bestehen der *Deutsche Paritätische Wohlfahrtsverband e.V.* in Frankfurt mit zahlreichen Einzelorganisationen, die religiös und politisch neutral sind, die *Zentralwohlfahrtsstelle der Juden in Deutschland e.V.* in Frankfurt und schließlich das *Deutsche Rote Kreuz e.V.*, dessen Tätigkeit allerdings nicht vorwiegend auf dem vom Sozialhilferecht erfaßten Tätigkeitsbereich liegt.

Das Bundessozialhilfegesetz legt den Trägern der Sozialhilfe gegenüber den Verbänden der freien Wohlfahrtspflege verschiedene Verpflichtungen auf, die sich aus dem in der Staatslehre entwickelten Subsidiaritätsprinzip ableiten:

1. Nach § 8 Absatz 2 BSHG ist der Hilfesuchende, der sich in sozialen Fragen beraten lassen will, zunächst auf die *Beratungstätigkeit* der Verbände der freien Wohlfahrtspflege hinzuweisen.
2. Nach § 10 Absatz 2 und den §§ 94, 95 BSHG sollen die Träger der Sozialhilfe mit den Verbänden der freien Wohlfahrtspflege eng *zusammenarbeiten*.
3. Gemäß § 10 Absatz 3 BSHG sollen die Träger der Sozialhilfe die Verbände der freien Wohlfahrtspflege angemessen *unterstützen*.
4. Die Träger der Sozialhilfe sollen ferner von eigenen Maßnahmen *absehen*, wenn die notwendige Hilfe im Einzelfall durch die freie Wohlfahrtspflege gewährleistet ist (§ 10 Absatz 4 BSHG). In ähnlicher Weise sollen Einrichtungen wie Kinderheime, Altersheime *nicht neu geschaffen werden*, soweit geeignete Einrichtungen von Verbänden der freien Wohlfahrtspflege vorhanden sind, ausgebaut oder geschaffen werden können (§ 93 Absatz 1 BSHG).
5. In § 10 Absatz 5 BSHG ist schließlich vorgesehen, daß Aufgaben nach dem Bundessozialhilfegesetz von den Trägern der Sozialhilfe auch den Verbänden der freien Wohlfahrtspflege zur Durchführung *übertragen werden können*.

Der Gesetzgeber wünscht also im Interesse der Hilfesuchenden eine enge und vertrauensvolle Zusammenarbeit zwischen den öffentlichen Trägern der Sozialhilfe und den Verbänden der freien Wohlfahrtspflege, wobei die persönliche Betreuungsarbeit von den meist ehrenamtlichen Mitarbeitern der Verbände geleistet wird, während die finanziellen Lasten und damit auch die letzte Verantwortung von der öffentlichen Hand getragen werden.

20. Kapitel

Von der Armenpflege zur Sozialhilfe — ein geschichtlicher Rückblick

Im *Mittelalter* war die Unterstützung notleidender Menschen fast ausschließlich eine Aufgabe der *Kirche*, der *Klöster* und der geistlichen und weltlichen *Orden*. Die Klöster richteten Spitäler und Armenhäuser ein, und die Kirche verlangte von ihren Gläubigen, daß sie zur Rettung ihres Seelenheiles reichlich Almosen an die Armen spendeten. Nach dem Aufblühen der mittelalterlichen Städte wird die Armenpflege von dem jetzt erstarkenden Genossenschaftswesen zusätzlich gefördert und mitgetragen. Die *Zünfte* und *Gilden* der Handwerker und Kaufleute sorgen für ihre Standesangehörigen, wenn sie in Not geraten sind, und nehmen sich auch der Witwen und Waisen an. In der festgefügten Ordnung des Mittelalters konnte der in Not geratene Mensch von zahlreichen Einrichtungen reichlich Hilfe erwarten.

Mit *Beginn der Reformationszeit* geht die Armenpflege in zunehmendem Maße auf die *Städte* über, nachdem die Kraft der Kirche erlahmt und das Zunftwesen erstarrt war. So bestimmte die Reichspolizeiordnung von 1530, daß „auch die Obrigkeit Vorsehung thue, daß eine jede Stadt und Kommune ihre Armen selbst ernähren und erhalten solle". Die Städte erließen *Armenordnungen* — so Nürnberg 1522, Augsburg und Straßburg 1523 —, durch die die Armenpflege organisiert und vor allen Dingen die Hilfe auf die Bürger der Stadt beschränkt wurde. Immer deutlicher kam der Gedanke zum Ausdruck, daß die Unterstützungspflicht der Gemeinde die *Zugehörigkeit des Armen zur Gemeindegenossenschaft* zur Voraussetzung habe. Das Heimatrecht in einer Gemeinde wurde durch Abstammung oder durch ausdrückliche Aufnahme in den Gemeindeverband erworben. Wer verarmte, konnte von der Gemeinde, in der er wohnte, ausgewiesen werden und mußte dann von seiner Heimatgemeinde aufgenommen werden, mochte er ihr auch durch langdauernde Abwesenheit fremd geworden sein. Für diejenigen hilfsbedürftigen Menschen, die in keiner Gemeinde das Heimatrecht hatten, wurde in Preußen durch das Allgemeine Landrecht von 1794 der Landarmenverband errichtet, der Landarmenhäuser sowie Blindenheime und Krankenhäuser unterhielt.

Der *Grundsatz des Heimatrechts* in der Gemeinde, der eine empfindliche Einschränkung der Freizügigkeit mit sich brachte, wurde erst im *Laufe des 19. Jahrhunderts* allmählich beseitigt. Das Bundesgesetz über Freizügigkeit vom 1. November 1867 bestimmte, daß die Gemeinde einen neu Anziehenden nur dann abweisen darf, wenn sie nachweisen kann, daß er sich und seine Angehörigen nicht unterhalten kann. „Die Besorgnis vor künftiger Verarmung berechtigt den Gemeindevorstand nicht zur Zurückweisung." Eine Abschiebung in die Heimatgemeinde bei späterer Hilfsbedürftigkeit blieb jedoch nach wie vor unbegrenzt zulässig. Das änderte sich erst durch ein weiteres Bundesgesetz vom 6. Juni 1870 über den *Unterstützungswohnsitz*, wonach der Zuziehende nach zwei Jahren den Unterstützungswohnsitz in der Gemeinde erwirbt und dann von dieser Gemeinde Hilfe nach Maßgabe der landesrechtlichen Vorschriften erhält. Preußen, Sachsen und Hessen erließen 1871 ein sogenanntes *Armengesetz*, die übrigen deutschen Staaten folgten. Alle diese Gesetze stimmten darin überein, daß die Gemeinde als Armenverband zur Unterstützung ohne Rücksicht auf die Persönlichkeit des Armen verpflichtet war und daß diese Unterstützung sich auf den notwendigsten Lebensbedarf beschränken müsse.

Den Anstoß für eine Vereinheitlichung des gesamten Fürsorgerechts im Reichsgebiet gab schließlich die *Inflation nach dem ersten Weltkrieg*, als breiteste Bevölkerungsschichten verarmten und auf öffentliche Unterstützung angewiesen waren. Der Reichstag ermächtigte die Reichsregierung durch ein Ermächtigungsgesetz vom 8. Dezember 1923, diejenigen Maßnahmen zu treffen, die sie im Hinblick auf die Not von Volk und Reich für erforderlich und dringend erachtete. Auf Grund dieser Ermächtigung erließ die Reichsregierung am 13. Februar 1924 die *Verordnung über die Fürsorgepflicht*, die durch die *Reichsgrundsätze* über Voraussetzung, Art und Maß der öffentlichen Fürsorge vom 4. Dezember 1924 — ebenfalls eine Rechtsverordnung — ergänzt wurden. An Stelle des Unterstützungswohnsitzes trat jetzt der *gewöhnliche Aufenthalt*, was eine weitere Einschränkung des Abschiebungsrechtes bedeutete. Die in diesen Vorschriften eingeführte *gehobene Fürsorge für Kleinrentner, Sozialrentner, Kriegsbeschädigte und Kriegshinterbliebene* wurde 1945 durch die damaligen Besatzungsmächte wieder beseitigt. Seitdem gilt der Grundsatz der Einheitsfürsorge mit einer Einschränkung: Die Fürsorge für Kriegsbeschädigte und Kriegshinterbliebene ist jetzt gesondert im *Bundesversorgungsgesetz* geregelt worden. Eine Sonderregelung mußte auch auf dem Gebiete der Fürsorge für Körperbehinderte und Tuberkulosekranke getroffen werden, weil der medizinische Fortschritt hier erhöhte finanzielle Aufwendungen erforderlich machte. Das *Körperbehindertengesetz* wurde 1957 und das *Gesetz über Tuberkulosehilfe* im Jahre 1959 geschaffen und in Kraft gesetzt.

Das gesamte Fürsorgerecht — mit Ausnahme der Kriegsopferfürsorge — ist schließlich durch das am 1. Juni 1962 in Kraft getretene *Bundessozialhilfegesetz neu geregelt* und den heutigen Erfordernissen angepaßt worden.

21. Kapitel

Das Verfahren bei Gewährung von Sozialhilfe

Das Sozialhilfeverfahren beginnt in der Regel mit einem *Antrag* des Hilfesuchenden bei dem örtlichen Sozialamt um Gewährung von Hilfe zum Lebensunterhalt, Krankengeld, Eingliederungshilfe, Ausbildungshilfe usw., wobei der Hilfesuchende schon vorher durch die Mitarbeiter der freien Wohlfahrtspflege oder durch andere Stellen über seine Rechte unterrichtet worden ist. Ein solcher förmlicher Antrag ist indessen rechtlich nicht unbedingt erforderlich. Nach § 5 BSHG sind die Sozialämter vielmehr verpflichtet, auch schon von Amtswegen die erforderlichen Hilfsmaßnahmen einzuleiten, sobald ihnen durch Zufall oder aus einem anderen Verfahren bekannt geworden ist, daß die Voraussetzungen dafür vorliegen.

Nach Einleitung dieses Verfahrens ist es Aufgabe der Sozialämter, den *Bedarf* sowie die *Einkommens- und Vermögensverhältnisse zu ermitteln*. Das Bundessozialhilfegesetz räumt ihnen zu diesem Zweck verschiedene weitgehende Rechte ein:

— Der *Hilfesuchende* ist nach § 115 BSHG zur wahrheitsgemäßen Auskunft verpflichtet. Bei falschen Angaben droht ihm eine Strafverfolgung wegen Betruges nach § 263 STGB.

— *Unterhaltspflichtige*, die vom Hilfesuchenden zu benennen sind, sind ebenfalls nach § 116 BSHG zur Auskunft über ihre Einkommens- und Vermögensverhältnisse verpflichtet.

— Auskunftspflichtig über den Arbeitsverdienst des Hilfesuchenden und der Unterhaltsverpflichteten sind ferner die *Arbeitgeber*, die durch Geldbußen zur wahrheitsgemäßen Auskunft angehalten werden können (§ 116 Abs. II BSHG).

— Schließlich trifft eine Auskunftspflicht grundsätzlich *alle Behörden* und hier insbesondere die Finanzämter über die Einkommens- und Vermögensverhältnisse der Beteiligten (§ 117 BSHG).

Nach Ermittlung aller maßgebenden Umstände wird Sozialhilfe durch *schriftlichen Bescheid* entweder gewährt oder versagt. Im letzteren Falle kann der Hilfesuchende innerhalb eines Monates schriftlich oder zur Niederschrift beim Sozialamt *Widerspruch* erheben, über den nach

§ 114 II BSHG erst entschieden werden darf, nachdem Mitarbeiter der Verbände der freien Wohlfahrtspflege oder sonstige sozial erfahrene Personen gehört worden sind. Zuständig zur Entscheidung über den Widerspruch ist je nach Art der Hilfe entweder der örtliche oder der überörtliche Träger der Sozialhilfe (§ 96 BSHG).

Gegen einen ablehnenden Widerspruchsbescheid kann innerhalb eines Monats beim zuständigen *Verwaltungsgericht* wiederum schriftlich oder durch Erklärung zur Niederschrift bei der Geschäftsstelle des Gerichts Klage erhoben werden mit dem Antrage, den Träger der Sozialhilfe zur Zahlung zu verpflichten. Wichtig ist hier für den Hilfesuchenden, daß er auch im Falle der Abweisung seiner Klage *keinerlei Gerichtskosten* tragen braucht, wie sich aus § 188 der Verwaltungsgerichtsordnung ergibt, nach der sich auch im übrigen das gesamte Gerichtsverfahren richtet.

Ein Nachteil des Gerichtsverfahrens ist dessen *lange Dauer*. Wenn ein Antrag des Hilfesuchenden um Gewährung z. B. von Hilfe zum Lebensunterhalt oder Krankenhilfe vom Sozialamt abgelehnt wird oder die bisher gewährte Hilfe zum Lebensunterhalt plötzlich eingestellt wird, können sich aus der langen Dauer des Gerichtsverfahrens — mitunter ein Jahr und länger — wesentliche Nachteile für den Hilfesuchenden ergeben. Hier hat ihm der Gesetzgeber die Möglichkeit eingeräumt, beim Verwaltungsgericht eine *einstweilige Anordnung* zu beantragen, über die sofort entschieden wird und durch die z. B. die vorläufige Weiterzahlung bisher gewährter Hilfe zum Lebensunterhalt oder eine vorläufige Einweisung in ein Krankenhaus auf Kosten des Sozialamtes angeordnet werden kann.

Rechtsprechung

Fortlaufende Hilfe zum Lebensunterhalt wird in der Regel nicht auf zeitlich unbegrenzte Dauer, sondern nur in Höhe der jeweils geleisteten Zahlungen gewährt. In der Einstellung weiterer Zahlungen liegt kein Widerruf eines früher ergangenen Verwaltungsaktes, sondern lediglich die Ablehnung weiterer Zahlungen. Vorläufiger Rechtsschutz dagegen kann nur durch eine einstweilige Anordnung gemäß § 123 VGO gewährt werden.
Hamb. OVG, Beschluß vom 2. 6. 1965, MDR 1966/361.

Solange der Hilfesuchende Sozialhilfe erhält, ist er nach § 115 II BSHG dazu verpflichtet, *jede Änderung* seiner Einkommens- und Vermögensverhältnisse *unverzüglich anzuzeigen*. Auch hier setzt er sich im anderen Falle der Gefahr einer Bestrafung wegen Betruges aus.

Rechtsquellen zum Sozialhilferecht

I. Bundesrecht

1. das Bundessozialhilfegesetz in der Fassung des Gesetzes zur Änderung und Ergänzung des Bundessozialhilfegesetzes vom 31. August 1965 (BGBl. I, 1027),
2. die Regelsatzverordnung vom 20. Juli 1962 (BGBl. I, 515),
3. die Verordnung zu § 81 Abs. 1 Nr. 1 BSHG vom 20. Juli 1962 (BGBl. I, 513),
4. die Verordnung zu § 88 Abs. 2 Nr. 8 vom 20. Juli 1962 (BGBl. I, 514),
5. die Verordnung zu § 76 vom 28. November 1962 (BGBl. I, 692),
6. die Eingliederungshilfe-Verordnung vom 27. Mai 1964 (BGBl. I, 339),
7. die Verordnung zu § 81 Abs. 1 Nr. 3 BSHG vom 27. Mai 1964 (BGBl. I, 343),
8. die Verordnung zu § 82 vom 19. Februar 1964 (BGBl. I, 132).

II. Ausführungsgesetze der Länder

Baden-Württemberg: Gesetz zur Ausführung des Bundessozialhilfegesetzes vom 23. April 1963 (Ges.Bl. S. 33)

Bayern: Gesetz zur Ausführung des Bundessozialhilfegesetzes vom 26. Oktober 1962 (GVBl. Nr. 19 S. 272) mit Änderung durch Gesetz vom 20. Juli 1964 (GVBl. S. 148)

Berlin: Gesetz zur Ausführung des BSHG vom 21. Mai 1962 (GVBl. Nr. 21 S. 471)

Bremen: Bremisches Ausführungsgesetz zum BSHG vom 5. Juni 1962 (Ges.Bl. Nr. 27 S. 149)

Hamburg: Anordnung zur Durchführung des BSHG vom 23. Oktober 1962 (Amtl. Anzeiger Nr. 211 S. 1051)

Hessen: Hessisches Ausführungsgesetz zum Bundessozialhilfegesetz vom 28. Mai 1962 (GVBl. I S. 273)

Niedersachsen: Niedersächsisches Gesetz zur Ausführung des Bundessozialhilfegesetzes vom 29. Juni 1962 (GVBl. Nr. 14 S. 69)

Nordrhein-Westfalen: Gesetz zur Ausführung des Bundessozialhilfegesetzes vom 25. Juni 1962 (GVBl. Nr. 41 S. 344)

Rheinland-Pfalz: Landesgesetz zur Ausführung des Bundessozialhilfegesetzes vom 8. März 1963 (GVBl. S. 79)

Saarland: Gesetz Nr. 776 zur Ausführung des Bundessozialhilfegesetzes vom 6. Februar 1963 (Amtsblatt S. 143)

Schleswig-Holstein: Gesetz zur Ausführung des Bundessozialhilfegesetzes vom 6. Juli 1962 (GVBl. Nr. 29 S. 271) mit Änderung durch Gesetz vom 30. November 1964 (GVBl. S. 235)

Bundessozialhilfegesetz (BSHG)
Vom 30. Juni 1961 (BGBl. I S. 815, ber. S. 1875)

Geändert durch Art. XII des Ges. zur Änderung und Ergänzung des Reichsjugendwohlfahrtsgesetzes vom 11. 8. 1961 (BGBl. I S. 1193), durch Art. 2 Ziffer 28 des Unfallversicherungs-Neuregelungsgesetzes vom 30. 4. 1963 (BGBl. I S. 241), durch § 55 des Gesetzes über das Zivilschutzkorps vom 12. 8. 1965 (BGBl. I S. 782) und durch Änderungsgesetz vom 31. 8. 1965 (BGBl. I S. 1027)

— ab 1. Oktober 1965 gültige Fassung —

Inhaltsübersicht

	§§
Abschnitt 1. Allgemeines	1 bis 10
Abschnitt 2. Hilfe zum Lebensunterhalt	
Unterabschnitt 1. Personenkreis, Gegenstand der Hilfe	11 bis 17
Unterabschnitt 2. Hilfe zur Arbeit	18 bis 20
Unterabschnitt 3. Form und Maß der Leistungen	21 bis 24
Unterabschnitt 4. Folgen bei Arbeitsscheu und unwirtschaftlichem Verhalten	25 und 26
Abschnitt 3. Hilfe in besonderen Lebenslagen	
Unterabschnitt 1. Allgemeines	27 bis 29
Unterabschnitt 2. Hilfe zum Aufbau oder zur Sicherung der Lebensgrundlage	30
Unterabschnitt 3. Ausbildungshilfe	31 bis 35
Unterabschnitt 4. Vorbeugende Gesundheitshilfe	36
Unterabschnitt 5. Krankenhilfe	37
Unterabschnitt 6. Hilfe für werdende Mütter und Wöchnerinnen	38
Unterabschnitt 7. Eingliederungshilfe für Behinderte	39 bis 47
Unterabschnitt 8. Tuberkulosehilfe	48 bis 66
Unterabschnitt 9. Blindenhilfe	67
Unterabschnitt 10. Hilfe zur Pflege	68 und 69
Unterabschnitt 11. Hilfe zur Weiterführung des Haushalts	70 und 71
Unterabschnitt 12. Hilfe für Gefährdete	72 bis 74
Unterabschnitt 13. Altenhilfe	75
Abschnitt 4. Einsatz des Einkommens und des Vermögens	
Unterabschnitt 1. Allgemeine Bestimmungen über den Einsatz des Einkommens	76 bis 78

Unterabschnitt 2. Einkommensgrenzen für die Hilfe in besonderen Lebenslagen	79 bis 87
Unterabschnitt 3. Einsatz des Vermögens	88 und 89
Abschnitt 5. Verpflichtungen anderer	90 und 91
Abschnitt 6. Kostenersatz	92
Abschnitt 7. Einrichtungen, Zusammenarbeit	93 bis 95
Abschnitt 8. Träger der Sozialhilfe	96 bis 102
Abschnitt 9. Kostenerstattung zwischen den Trägern der Sozialhilfe	103 bis 113
Abschnitt 10. Verfahrensbestimmungen	114 bis 118
Abschnitt 11. Sonstige Bestimmungen	119 bis 122
Abschnitt 12. Sonderbestimmungen für Personen mit körperlicher Behinderung	123 bis 126
Abschnitt 13. Tuberkulosebekämpfung außerhalb der Sozialhilfe	
Unterabschnitt 1. Sonderbestimmungen für Träger der Tuberkulosehilfe, die nicht Träger der Sozialhilfe sind	127 bis 131
Unterabschnitt 2. Sonderbestimmungen für sonstige zur Tuberkulosebekämpfung verpflichtete Stellen	132 bis 138
Abschnitt 14. Übergangs- und Schlußbestimmungen	139 bis 153

Der Bundestag hat mit Zustimmung des Bundesrates das folgende Gesetz beschlossen:

Abschnitt 1. Allgemeines

§ 1 Inhalt und Aufgabe der Sozialhilfe

(1) Die Sozialhilfe umfaßt Hilfe zum Lebensunterhalt und Hilfe in besonderen Lebenslagen.

(2) Aufgabe der Sozialhilfe ist es, dem Empfänger der Hilfe die Führung eines Lebens zu ermöglichen, das der Würde des Menschen entspricht. Die Hilfe soll ihn soweit wie möglich befähigen, unabhängig von ihr zu leben; hierbei muß er nach seinen Kräften mitwirken.

§ 2 Nachrang der Sozialhilfe

(1) Sozialhilfe erhält nicht, wer sich selbst helfen kann oder wer die erforderliche Hilfe von anderen, besonders von Angehörigen oder von Trägern anderer Sozialleistungen, erhält.

(2) Verpflichtungen anderer, besonders Unterhaltspflichtiger oder der Träger anderer Sozialleistungen, werden durch dieses Gesetz nicht berührt. Auf Rechtsvorschriften beruhende Leistungen anderer, auf die jedoch kein Anspruch besteht, dürfen nicht deshalb versagt werden, weil nach diesem Gesetz entsprechende Leistungen vorgesehen sind.

§ 3 Sozialhilfe nach der Besonderheit des Einzelfalles

(1) Art, Form und Maß der Sozialhilfe richten sich nach der Besonderheit des Einzelfalles, vor allem nach der Person des Hilfeempfängers, der Art seines Bedarfs und den örtlichen Verhältnissen.

(2) Wünschen des Hilfeempfängers, die sich auf die Gestaltung der Hilfe richten, soll entsprochen werden, soweit sie angemessen sind und keine unvertretbaren Mehrkosten erfordern.

(3) Auf seinen Wunsch soll der Hilfeempfänger in einer solchen Einrichtung untergebracht werden, in der er durch Geistliche seines Bekenntnisses betreut werden kann.

§ 4 Anspruch auf Sozialhilfe

(1) Auf Sozialhilfe besteht ein Anspruch, soweit dieses Gesetz bestimmt, daß die Hilfe zu gewähren ist. Der Anspruch kann nicht übertragen, verpfändet oder gepfändet werden.

2) Über Form und Maß der Sozialhilfe ist nach pflichtmäßigem Ermessen zu entscheiden, soweit dieses Gesetz das Ermessen nicht ausschließt.

§ 5 Einsetzen der Sozialhilfe

Die Sozialhilfe setzt ein, sobald dem Träger der Sozialhilfe oder den von ihm beauftragten Stellen bekannt wird, daß die Voraussetzungen für die Gewährung vorliegen.

§ 6 Vorbeugende Hilfe, nachgehende Hilfe

(1) Die Sozialhilfe soll vorbeugend gewährt werden, wenn dadurch eine dem einzelnen drohende Notlage ganz oder teilweise abgewendet werden kann. Die Sonderbestimmungen der §§ 36 und 57 gehen der Regelung des Satzes 1 vor.

(2) Die Sozialhilfe soll auch nach Beseitigung einer Notlage gewährt werden, wenn dies geboten ist, um die Wirksamkeit der zuvor gewährten Hilfe zu sichern. Die Sonderbestimmungen der §§ 40, 49 und 50 gehen der Regelung des Satzes 1 vor.

§ 7 Familiengerechte Hilfe

Bei Gewährung der Sozialhilfe sollen die besonderen Verhältnisse in der Familie des Hilfesuchenden berücksichtigt werden. Die Sozialhilfe soll die Kräfte der Familie zur Selbsthilfe anregen und den Zusammenhalt der Familie festigen.

§ 8 Formen der Sozialhilfe

(1) Formen der Sozialhilfe sind persönliche Hilfe, Geldleistung oder Sachleistung.

(2) Zur persönlichen Hilfe gehören auch die Beratung in Fragen der Sozialhilfe sowie die Beratung in sonstigen sozialen Angelegenheiten, soweit letztere nicht von anderen Stellen oder Personen wahrzunehmen ist. Wird Beratung in sonstigen sozialen Angelegenheiten auch von Verbänden der freien Wohlfahrtspflege wahrgenommen, ist der Ratsuchende zunächst hierauf hinzuweisen.

§ 9 Träger der Sozialhilfe

Die Sozialhilfe wird von örtlichen und überörtlichen Trägern gewährt.

§ 10 Verhältnis zur freien Wohlfahrtspflege

(1) Die Stellung der Kirchen und Religionsgesellschaften des öffentlichen Rechts sowie der Verbände der freien Wohlfahrtspflege als Träger eigener sozialer Aufgaben und ihre Tätigkeit zur Erfüllung dieser Aufgaben werden durch dieses Gesetz nicht berührt.

(2) Die Träger der Sozialhilfe sollen bei der Durchführung dieses Gesetzes mit den Kirchen und Religionsgesellschaften des öffentlichen Rechts sowie den Verbänden der freien Wohlfahrtspflege zusammenarbeiten und dabei deren Selbständigkeit in Zielsetzung und Durchführung ihrer Aufgaben achten.

(3) Die Zusammenarbeit soll darauf gerichtet sein, daß sich die Sozialhilfe und die Tätigkeit der freien Wohlfahrtspflege zum Wohle des Hilfesuchenden wirksam ergänzen. Die Träger der Sozialhilfe sollen die Verbände der freien Wohlfahrtspflege in ihrer Tätigkeit auf dem Gebiet der Sozialhilfe angemessen unterstützen.

(4) Wird die Hilfe im Einzelfalle durch die freie Wohlfahrtspflege gewährleistet, sollen die Träger der Sozialhilfe von der Durchführung eigener Maßnahmen absehen; dies gilt nicht für die Gewährung von Geldleistungen.

(5) Die Träger der Sozialhilfe können allgemein an der Durchführung ihrer Aufgaben nach diesem Gesetz die Verbände der freien Wohlfahrtspflege beteiligen oder ihnen die Durchführung solcher Aufgaben übertragen, wenn die Verbände mit der Beteiligung oder Übertragung einverstanden sind. Die Träger der Sozialhilfe bleiben dem Hilfesuchenden gegenüber verantwortlich.

Abschnitt 2. Hilfe zum Lebensunterhalt

Unterabschnitt 1. Personenkreis, Gegenstand der Hilfe

§ 11 Personenkreis

(1) Hilfe zum Lebensunterhalt ist dem zu gewähren, der seinen notwendigen Lebensunterhalt nicht oder nicht ausreichend aus eigenen Kräften und Mitteln, vor allem aus seinem Einkommen und Vermögen, beschaffen kann. Bei nicht getrennt lebenden Ehegatten sind das Einkommen und das Vermögen beider Ehegatten zu berücksichtigen; soweit minderjährige unverheiratete Kinder, die dem Haushalt ihrer Eltern oder eines Elternteiles angehören, den notwendigen Lebensunterhalt aus ihrem Einkommen und Vermögen nicht beschaffen können, sind auch das Einkommen und das Vermögen der Eltern oder des Elternteiles zu berücksichtigen.

(2) Hilfe zum Lebensunterhalt kann auch dem gewährt werden, der ein für den notwendigen Lebensunterhalt ausreichendes Einkommen oder Vermögen hat, jedoch einzelne für seinen Lebensunterhalt erforderliche Tätigkeiten nicht verrichten kann; von dem Hilfeempfänger kann ein angemessener Kostenbeitrag verlangt werden.

§ 12 Notwendiger Lebensunterhalt

(1) Der notwendige Lebensunterhalt umfaßt besonders Ernährung, Unterkunft, Kleidung, Körperpflege, Hausrat, Heizung und persönliche Bedürfnisse des täglichen Lebens. Zu den persönlichen Bedürfnissen des täglichen Lebens gehören in vertretbarem Umfange auch Beziehungen zur Umwelt und eine Teilnahme am kulturellen Leben.

(2) Bei Kindern und Jugendlichen umfaßt der notwendige Lebensunterhalt auch den besonderen, vor allem den durch das Wachstum bedingten Bedarf.

§ 13 Übernahme von Krankenversicherungsbeiträgen

Für Rentenantragsteller, die nach § 315 a der Reichsversicherungsordnung krankenversicherungspflichtig sind, sind die Krankenversicherungsbeiträge zu übernehmen, soweit die Antragsteller die Beiträge zu tragen haben und die Voraussetzungen des § 11 Abs. 1 erfüllen. § 76 Abs. 2 Nr. 2 gilt insoweit nicht.

§ 14 Alterssicherung

Als Hilfe zum Lebensunterhalt können auch die Kosten übernommen werden, die erforderlich sind, um die Voraussetzungen eines Anspruchs auf eine angemessene Alterssicherung oder auf ein angemessenes Sterbegeld zu erfüllen.

§ 15 Bestattungskosten

Die erforderlichen Kosten einer Bestattung sind zu übernehmen, soweit dem hierzu Verpflichteten nicht zugemutet werden kann, die Kosten zu tragen.

§ 16 Haushaltsgemeinschaft

Lebt ein Hilfesuchender in Haushaltsgemeinschaft mit Verwandten oder Verschwägerten, so wird vermutet, daß er von ihnen Leistungen zum Lebensunterhalt erhält, soweit dies nach ihrem Einkommen und Vermögen erwartet werden kann. Soweit jedoch der Hilfesuchende von den in Satz 1 genannten Personen Leistungen zum Lebensunterhalt nicht erhält, ist ihm Hilfe zum Lebensunterhalt zu gewähren.

§ 17 Gestaltung der Hilfe für Nichtseßhafte

Bei der Gestaltung der Hilfe zum Lebensunterhalt für einen Nichtseßhaften ist anzustreben, daß er auf Dauer seßhaft wird.

Unterabschnitt 2. Hilfe zur Arbeit

§ 18 Beschaffung des Lebensunterhalts durch Arbeit

(1) Jeder Hilfesuchende muß seine Arbeitskraft zur Beschaffung des Lebensunterhalts für sich und seine unterhaltsberechtigten Angehörigen einsetzen.

(2) Es ist darauf hinzuwirken, daß der Hilfesuchende sich um Arbeit bemüht und Gelegenheit zur Arbeit erhält. Hierbei ist besonders mit den Dienststellen der Bundesanstalt für Arbeitsvermittlung und Arbeitslosenversicherung zusammenzuwirken.

(3) Dem Hilfesuchenden darf eine Arbeit nicht zugemutet werden, wenn er körperlich oder geistig hierzu nicht in der Lage ist oder wenn ihm die künftige Ausübung seiner bisherigen überwiegenden Tätigkeit wesentlich erschwert würde. Frauen darf eine Arbeit nicht zugemutet werden, soweit dadurch die geordnete Erziehung ihrer Kinder gefährdet würde; auch sonst sind bei Frauen die Pflichten zu berücksichtigen, die ihnen die Führung eines Haushalts oder die Pflege von Angehörigen auferlegt. Im übrigen gilt § 78 Abs. 2 des Gesetzes über Arbeitsvermittlung und Arbeitslosenversicherung entsprechend.

§ 19 Schaffung von Arbeitsgelegenheiten

(1) Für Hilfesuchende, die keine Arbeit finden können, sollen nach Möglichkeit Arbeitsgelegenheiten geschaffen werden.

(2) Wird für den Hilfesuchenden Gelegenheit zu gemeinnütziger und zusätzlicher Arbeit geschaffen, kann ihm entweder das übliche Arbeitsentgelt oder Hilfe zum Lebensunterhalt zuzüglich einer angemessenen Entschädigung für Mehraufwendungen gewährt werden; zusätzlich ist nur die Arbeit, die sonst nicht, nicht in diesem Umfang oder nicht zu diesem Zeitpunkt verrichtet werden würde.

(3) Wird im Falle des Absatzes 2 Hilfe zum Lebensunterhalt gewährt, so wird kein Arbeitsverhältnis im Sinne des Arbeitsrechts und kein Beschäftigungsverhältnis im Sinne der gesetzlichen Kranken- und Rentenversicherung begründet. Die Vorschriften über den Arbeitsschutz finden jedoch Anwendung.

§ 20 Gewöhnung an Arbeit, Prüfung der Arbeitsbereitschaft

(1) Ist es im Einzelfall erforderlich, einen arbeitsentwöhnten Hilfesuchenden an Arbeit zu gewöhnen oder die Bereitschaft eines Hilfesuchenden zur Arbeit zu prüfen, soll ihm eine hierfür geeignete Tätigkeit angeboten werden.

(2) Während dieser Tätigkeit werden dem Hilfesuchenden Hilfe zum Lebensunterhalt und eine angemessene Entschädigung für Mehraufwendungen gewährt. § 19 Abs. 3 gilt entsprechend.

Unterabschnitt 3. Form und Maß der Leistungen

§ 21 Laufende und einmalige Leistungen, Taschengeld

(1) Hilfe zum Lebensunterhalt kann durch laufende und einmalige Leistungen gewährt werden.

(2) Einmalige Leistungen sind auch zu gewähren, wenn der Hilfesuchende zwar keine laufenden Leistungen zum Lebensunterhalt benötigt, den Lebensunterhalt jedoch aus eigenen Kräften und Mitteln nicht voll beschaffen kann.

(3) Die Hilfe zum Lebensunterhalt in einer Anstalt, einem Heim oder einer gleichartigen Einrichtung umfaßt auch ein angemessenes Taschengeld, es sei denn, daß dessen bestimmungsmäßige Verwendung durch oder für den Hilfeempfänger nicht möglich ist.

§ 22 Regelbedarf

(1) Laufende Leistungen zum Lebensunterhalt außerhalb von Anstalten, Heimen und gleichartigen Einrichtungen werden nach Regelsätzen gewährt, soweit es nach der Besonderheit des Einzelfalles nicht geboten ist, die Leistungen abweichend von den Regelsätzen zu bemessen.

(2) Der Bundesminister des Innern erläßt im Einvernehmen mit dem Bundesminister für Arbeit und Sozialordnung und dem Bundesminister der Finanzen durch Rechtsverordnung mit Zustimmung des Bundesrates Vorschriften über Inhalt und Aufbau der Regelsätze sowie über das Verhältnis der Regelsätze zum Arbeitseinkommen; die Rechtsverordnung kann einzelne laufende Leistungen von der Gewährung nach Regelsätzen ausnehmen und über ihre Gestaltung Näheres bestimmen.

(3) Die zuständigen Landesbehörden oder die von ihnen bestimmten Stellen setzen die Höhe der Regelsätze im Rahmen der Rechtsverordnung nach Absatz 2 fest; dabei sind die tatsächlichen Lebenshaltungskosten und örtliche Unterschiede zu berücksichtigen.

§ 23 Mehrbedarf

(1) Ein Mehrbedarf von dreißig vom Hundert des maßgebenden Regelsatzes ist anzuerkennen
1. für Personen, die das fünfundsechzigste Lebensjahr vollendet haben,
2. für Personen unter fünfundsechzig Jahren, die erwerbsunfähig im Sinne der gesetzlichen Rentenversicherung sind,
3. für werdende Mütter,
soweit nicht im Einzelfall ein höherer Bedarf besteht.

(2) Für Personen, die mit zwei oder drei Kindern unter sechzehn Jahren zusammenleben und allein für deren Pflege und Erziehung sorgen, ist ein Mehrbedarf von zwanzig vom Hundert des maßgebenden Regelsatzes anzuerkennen, soweit nicht im Einzelfall ein höherer Bedarf besteht; bei vier oder mehr Kindern erhöht sich der Mehrbedarf auf vierzig vom Hundert des maßgebenden Regelsatzes.

(3) Für Erwerbstätige ist ein Mehrbedarf in angemessener Höhe anzuerkennen; dies gilt vor allem für Personen, die trotz beschränkten Leistungsvermögens einem Erwerb nachgehen.

(4) Absatz 1 Nr. 1 bis 3; Absatz 2 und Absatz 3 sind nebeneinander anzuwenden.

§ 24 Mehrbedarf für Blinde

(1) Der Mehrbedarf nach § 23 Abs. 3 ist für erwerbstätige Blinde in Höhe des Erwerbseinkommens anzuerkennen, wenn es fünfzig Deutsche Markt monatlich nicht übersteigt; übersteigt es diesen Betrag, so beträgt der Mehrbedarf fünfzig Deutsche Mark zuzüglich fünfundzwanzig vom Hundert des fünfzig Deutsche Mark übersteigenden Erwerbseinkommens.

(2) Als blind im Sinne dieses Gesetzes gilt auch, wer eine so geringe Sehschärfe hat, daß er sich in einer ihm nicht vertrauten Umgebung ohne fremde Hilfe nicht zurechtfinden kann.

Unterabschnitt 4.
Folgen bei Arbeitsscheu und unwirtschaftlichem Verhalten

§ 25 Ausschluß des Anspruchs auf Hilfe, Einschränkung der Hilfe

(1) Wer sich weigert, zumutbare Arbeit zu leisten, hat keinen Anspruch auf Hilfe zum Lebensunterhalt.

(2) Bei einem Hilfeempfänger, der trotz Belehrung sein unwirtschaftliches Verhalten fortsetzt, kann die Hilfe bis auf das zum Lebensunterhalt Unerläßliche eingeschränkt oder auf Hilfe in einer Anstalt oder in einem Heim beschränkt werden. Ferner kann die Hilfe bis auf das zum Lebensunterhalt Unerläßliche eingeschränkt werden bei einem Hilfesuchenden, der sich ohne berechtigten Grund weigert, sich einer beruflichen Ausbildung, Fortbildung oder Umschulung zu unterziehen, oder der seine Arbeitsstelle ohne wichtigen oder ohne berechtigten Grund aufgegeben hat oder auf den die übrigen Voraussetzungen des § 79 oder des § 80 Abs. 1 des Gesetzes über Arbeitsvermittlung und Arbeitslosenversicherung zutreffen.

(3) Soweit wie möglich ist zu verhüten, daß die unterhaltsberechtigten Angehörigen der in den Absätzen 1 und 2 genannten Personen oder andere mit ihnen in Haushaltsgemeinschaft lebende Hilfeempfänger durch die Versagung oder die Einschränkung der Hilfe mitbetroffen werden.

§ 26 Unterbringung in einer Arbeitseinrichtung

(1) Weigert sich jemand trotz wiederholter Aufforderung beharrlich, zumutbare Arbeit zu leisten, und ist es deshalb notwendig, ihm oder einem Unterhaltsberechtigten laufende Hilfe zum Lebensunterhalt zu gewähren, so kann seine Unterbringung zur Arbeitsleistung in einer von der zuständigen Landesbehörde als geeignet anerkannten abgeschlossenen Anstalt nach den Bestimmungen des Gesetzes über das gerichtliche Verfahren bei Freiheitsentziehungen vom 29. Juni 1956 (Bundesgesetzbl. I S. 599), geändert durch das Gesetz zur Änderung und Ergänzung kostenrechtlicher Vorschriften vom 26. Juli 1957 (Bundesgesetzbl. I S. 861, 937), angeordnet werden. Er ist vor der Einleitung des gerichtlichen Verfahrens auf die Möglichkeit der gerichtlichen Anordnung schriftlich hinzuweisen. Das Grundrecht der Freiheit der Person nach Artikel 2 Abs. 2 Satz 2 des Grundgesetzes wird insoweit eingeschränkt.

(2) Die Unterbringung in einer Anstalt ist nicht zulässig bei Personen unter zwanzig Jahren oder wenn die Anstaltsunterbringung eine außergewöhnliche Härte bedeuten würde.

(3) Während des Aufenthalts in der Anstalt ist auf die Bereitschaft des Untergebrachten hinzuwirken, den Lebensunterhalt für sich und seine Unterhaltsberechtigten durch Arbeit zu beschaffen. In geeigneten Fällen soll die Ausbildung zu einem angemessenen Beruf oder zu einer sonstigen angemessenen Tätigkeit erstrebt werden.

(4) Die Vollstreckung einer Freiheitsstrafe oder einer mit Freiheitsentziehung verbundenen Maßregel der Sicherung und Besserung geht der Unterbringung in einer Anstalt nach Absatz 1 vor.

Abschnitt 3. Hilfe in besonderen Lebenslagen

Unterabschnitt 1. Allgemeines

§ 27 Arten der Hilfe

(1) Die Hilfe in besonderen Lebenslagen umfaßt
1. Hilfe zum Aufbau oder zur Sicherung der Lebensgrundlage,
2. Ausbildungshilfe,
3. vorbeugende Gesundheitshilfe,
4. Krankenhilfe,
5. Hilfe für werdende Mütter und Wöchnerinnen,
6. Eingliederungshilfe für Behinderte,
7. Tuberkulosehilfe,
8. Blindenhilfe,
9. Hilfe zur Pflege,
10. Hilfe zur Weiterführung des Haushalts,
11. Hilfe für Gefährdete,
12. Altenhilfe.

(2) Hilfe kann auch in anderen besonderen Lebenslagen gewährt werden, wenn sie den Einsatz öffentlicher Mittel rechtfertigen.

(3) Wird die Hilfe in einer Anstalt, einem Heim oder einer gleichartigen Einrichtung gewährt, umfaßt die Hilfe in besonderen Lebenslagen auch den in der Einrichtung gewährten Lebensunterhalt.

§ 28 Personenkreis

Hilfe in besonderen Lebenslagen wird nach den Bestimmungen dieses Abschnitts gewährt, soweit dem Hilfesuchenden, seinem nicht getrennt lebenden Ehegatten und, wenn er minderjährig und unverheiratet ist, auch seinen Eltern die Aufbringung der Mittel aus dem Einkommen und Vermögen nach den Bestimmungen des Abschnitts 4 nicht zuzumuten ist.

§ 29 Erweiterte Hilfe, Aufwendungsersatz

In begründeten Fällen kann Hilfe über § 28 hinaus zunächst auch insoweit gewährt werden, als den dort genannten Personen die Aufbringung der Mittel aus dem Einkommen oder Vermögen zuzumuten ist. In diesem Umfange haben sie dem Träger der Sozialhilfe die Aufwendungen zu ersetzen.

Unterabschnitt 2.
Hilfe zum Aufbau oder zur Sicherung der Lebensgrundlage

§ 30

(1) Personen, denen eine ausreichende wirtschaftliche Lebensgrundlage fehlt oder bei denen sie gefährdet ist, kann Hilfe gewährt werden. Die Hilfe soll dazu dienen, ihnen den Aufbau oder die Sicherung einer Lebensgrundlage durch eigene Tätigkeit zu ermöglichen.

(2) Die Hilfe soll in der Regel nur gewährt werden, wenn dem Hilfesuchenden sonst voraussichtlich Hilfe zum Lebensunterhalt gewährt werden müßte.

(3) Geldleistungen können als Beihilfe oder Darlehen gewährt werden.

Unterabschnitt 3. Ausbildungshilfe

§ 31 Inhalt

(1) Zur Ausbildung für einen angemessenen Beruf oder für eine sonstige angemessene Tätigkeit ist dem Auszubildenden Ausbildungshilfe zu gewähren.

(2) Ausbildungshilfe ist auch zum Besuch einer mittleren oder höheren Schule oder einer Fachschule zu gewähren. Zum Besuch einer Hochschule sowie einer Einrichtung, deren Ausbildungsabschluß dem der mittleren oder höheren Schule gleichgestellt ist, soll sie gewährt werden.

(3) Ausbildungshilfe ist ferner zur Teilnahme an Vorbereitungsmaßnahmen zu gewähren, die geboten sind, um eine spätere Ausbildung oder die spätere Ausübung eines Berufs oder einer sonstigen angemessenen Tätigkeit zu ermöglichen.

§ 32 Voraussetzungen

(1) Die Hilfe zur Ausbildung für einen angemessenen Beruf wird nur gewährt, wenn
1. der Auszubildende für den Beruf geeignet ist,
2. die Leistungen des Auszubildenden die Gewährung der Hilfe rechtfertigen,
3. der beabsichtigte Ausbildungsweg fachlich notwendig ist,
4. der Beruf voraussichtlich eine ausreichende Lebensgrundlage bietet.

(2) Die Hilfe zur Ausbildung für eine sonstige angemessene Tätigkeit wird nur gewährt, wenn eine Berufsausbildung aus besonderen Gründen unterbleibt. Absatz 1 Nr. 1 bis 3 gilt entsprechend.

(3) Die Hilfe zum Besuch einer höheren Schule, einer Hochschule oder einer Einrichtung, deren Ausbildungsabschluß dem der höheren Schule gleichgestellt ist, wird nur gewährt. wenn die Fähigkeiten und Leistungen

des Auszubildenden erheblich über dem Durchschnitt liegen oder wenn ein Abbruch der Ausbildung für ihn eine besondere Härte bedeuten würde. Für die Hilfe zum Besuch einer Fachschule gilt Satz 1 mit der Maßgabe, daß die Fähigkeiten und Leistungen des Auszubildenden über dem Durchschnitt liegen. Für die Hilfe zum Besuch einer mittleren Schule oder einer Einrichtung, deren Ausbildungsabschluß dem der mittleren Schule gleichgestellt ist, gilt Absatz 1 Nr. 2.

(4) Wird die Ausbildung nach der Vollendung des fünfundzwanzigsten Lebensjahres begonnen, so wird die Hilfe nur gewährt, wenn die Besonderheit des Falles oder die Art der Ausbildung dies rechtfertigt.

§ 33 Umfang der Hilfe

(1) Die Hilfe umfaßt die erforderlichen Leistungen für den Lebensunterhalt und für die Ausbildung.

(2) Für den Lebensunterhalt gelten die Bestimmungen des Abschnitts 2. Für Auszubildende, die nicht mehr im volksschulpflichtigen Alter sind, ist für den laufenden Lebensunterhalt ein Mehrbedarf von fünfzig vom Hundert des maßgebenden Regelsatzes anzuerkennen, wenn der Lebensunterhalt nach Regelsätzen zu bemessen ist. Satz 2 und § 23 mit Ausnahme des Absatzes 3 sind nebeneinander anzuwenden.

(3) Der Bundesminister des Innern kann durch Rechtsverordnung mit Zustimmung des Bundesrates Näheres über Art und Maß der in Absatz 1 genannten Leistungen bestimmen.

§ 34 Darlehen

Für die Ausbildung an einer Hochschule oder Fachschule kann die Hilfe für einen angemessenen Zeitraum vor dem Abschluß der Ausbildung als Darlehen gewährt werden.

§ 35 Beteiligung anderer Stellen

Die Voraussetzungen der Hilfe zur Ausbildung für einen angemessenen Beruf oder für eine sonstige angemessene Tätigkeit oder zum Besuch einer Fachschule sind im Benehmen mit den Dienststellen der Bundesanstalt für Arbeitsvermittlung und Arbeitslosenversicherung zu prüfen. Vor der Entscheidung über die Hilfe zum Besuch einer mittleren oder höheren Schule, einer Einrichtung der in § 31 Abs. 2 Satz 2 genannten Art, einer Fachschule oder Hochschule ist die Schule, die Einrichtung oder die Hochschule zu hören.

Unterabschnitt 4. Vorbeugende Gesundheitshilfe

§ 36

(1) Personen, bei denen nach ärztlichem Urteil eine Erkrankung oder ein sonstiger Gesundheitsschaden einzutreten droht, soll vorbeugende Gesundheitshilfe gewährt werden. Außerdem können zur Früherkennung von Krankheiten Vorsorgeuntersuchungen gewährt werden.

(2) Zu den Maßnahmen der vorbeugenden Gesundheitshilfe gehören vor allem die nach ärztlichen Gutachten im Einzelfall erforderlichen Maßnahmen der Erholung, besonders für Kinder, Jugendliche und alte Menschen sowie für Mütter in geeigneten Müttergenesungsheimen.

(3) Die gesetzlichen Aufgaben der Gesundheitsämter bleiben unberührt.

Unterabschnitt 5. Krankenhilfe

§ 37

(1) Kranken ist Krankenhilfe zu gewähren.

(2) Die Krankenhilfe umfaßt ärztliche und zahnärztliche Behandlung, Versorgung mit Arzneimitteln, Verbandmitteln und Zahnersatz, Krankenhausbehandlung sowie sonstige zur Genesung, zur Besserung oder zur Linderung der Krankheitsfolgen erforderliche Leistungen.

(3) Der Kranke hat die freie Wahl unter den niedergelassenen Ärzten, die sich zur ärztlichen Behandlung im Rahmen der Krankenhilfe zu den Mindestsätzen der amtlichen Gebührenordnung oder zu den nach § 368n Abs. 1 Satz 4 der Reichsversicherungsordnung von den Kassenärztlichen Vereinigungen oder zu den nach landesrechtlichen Vorschriften von den Ärztekammern mit den Trägern der Sozialhilfe vereinbarten Bedingungen bereit erklären.

(4) Freie Arztwahl besteht auch bei allen ärztlichen Maßnahmen nach den §§ 36, 38, 40 Abs. 1 Nr. 1 und 2, § 49 Abs. 2 Nr. 1, 2 und 3 und den §§ 57 und 58.

Unterabschnitt 6. Hilfe für werdende Mütter und Wöchnerinnen

§ 38

(1) Werdenden Müttern und Wöchnerinnen ist Hilfe zu gewähren.

(2) Die Hilfe umfaßt Hebammenhilfe, ärztliche Behandlung, Versorgung mit Arznei- und Heilmitteln, einen Entbindungskostenbeitrag und Stillgeld; die Leistungen sollen nach Maß und Form in der Regel den Leistungen entsprechen, die nach den Vorschriften über die gesetzliche Krankenversicherung den Familienangehörigen eines Versicherten gewährt werden. Die Hilfe umfaßt auch Vorsorgeuntersuchungen, soweit diese nach den Vorschriften über die gesetzliche Krankenversicherung den Familienangehörigen eines Versicherten zu gewähren sind. Außerhalb einer Anstalt oder eines Heims sind für sechs zusammenhängende Wochen vor der Entbindung und sechs zusammenhängende Wochen nach der Entbindung angemessene Ernährungszulagen zu gewähren. Satz 3 und § 23 Abs. 1 Nr. 3 sind nebeneinander anzuwenden.

(3) Zur Entbindung in einer Anstalt oder einem Heim soll Hilfe gewährt werden, wenn die Aufnahme in eine Anstalt oder ein Heim aus gesundheitlichen oder sonstigen Gründen geboten ist.

Unterabschnitt 7. Eingliederungshilfe für Behinderte

§ 39 Personenkreis und Aufgabe

(1) Eingliederungshilfe ist zu gewähren
1. Körperbehinderten oder von einer Körperbehinderung bedrohten Personen,
2. Blinden, von Blindheit bedrohten oder nicht nur vorübergehend hochgradig sehschwachen Personen,
3. Personen, die durch eine Beeinträchtigung der Hörfähigkeit nicht nur vorübergehend wesentlich behindert oder von einer solchen Behinderung bedroht sind,
4. Personen, die durch eine Beeinträchtigung der Sprachfähigkeit nicht nur vorübergehend wesentlich behindert oder von einer solchen Behinderung bedroht sind,

5. Personen, deren geistige Kräfte schwach entwickelt sind.

Körperbehinderte im Sinne des Satzes 1 Nr. 1 sind Personen, die in ihrer Bewegungsfähigkeit durch eine Beeinträchtigung ihres Stütz- oder Bewegungssystems nicht nur vorübergehend wesentlich behindert sind oder bei denen wesentliche Spaltbildungen des Gesichts oder des Rumpfes bestehen.

(2) Anderen Personen mit einer körperlichen, geistigen oder seelischen Behinderung kann Eingliederungshilfe gewährt werden.

(3) Aufgabe der Eingliederungshilfe ist es, eine drohende Behinderung zu verhüten oder eine vorhandene Behinderung oder deren Folgen zu beseitigen oder zu mildern und dabei dem Behinderten die Teilnahme am Leben in der Gemeinschaft zu ermöglichen oder zu erleichtern. Hierzu gehört vor allem, dem Behinderten die Ausübung eines angemessenen Berufs oder einer sonstigen angemessenen Tätigkeit zu ermöglichen oder ihn wenigstens unabhängig von Pflege zu machen.

§ 40 Maßnahmen der Hilfe

(1) Maßnahmen der Eingliederungshilfe sind vor allem
1. ambulante oder stationäre Behandlung oder sonstige ärztliche oder ärztlich verordnete Maßnahmen zur Verhütung, Beseitigung oder Milderung der Behinderung,
2. Versorgung mit Körperersatzstücken sowie mit orthopädischen oder anderen Hilfsmitteln,
3. Hilfe zu einer angemessenen Schulbildung, mindestens im Rahmen der allgemeinen Schulpflicht, falls erforderlich auch darüber hinaus; die Bestimmungen über die Ermöglichung der Schulbildung im Rahmen der allgemeinen Schulpflicht bleiben unberührt,
4. Hilfe zur Ausbildung für einen angemessenen Beruf oder für eine sonstige angemessene Tätigkeit,
5. Hilfe zur Fortbildung im früheren oder einem diesem verwandten Beruf oder zur Umschulung für einen angemessenen Beruf oder eine sonstige angemessene Tätigkeit; Hilfe kann auch zum Aufstieg im Berufsleben gewährt werden, wenn die Besonderheit des Einzelfalles dies rechtfertigt,
6. Hilfe zur Erlangung eines geeigneten Platzes im Arbeitsleben,
7. nachgehende Hilfe zur Sicherung der Wirksamkeit der ärztlichen oder ärztlich verordneten Maßnahmen und zur Sicherung der Eingliederung des Behinderten in das Arbeitsleben.

(2) Behinderten, bei denen wegen der Schwere ihrer Behinderung arbeits- und berufsfördernde Maßnahmen nach Absatz 1 nicht möglich sind, soll nach Möglichkeit Gelegenheit zur Ausübung einer der Behinderung entsprechenden Tätigkeit gegeben werden.

(3) Soweit es im Einzelfall gerechtfertigt ist, können Beihilfen an den Behinderten oder seine Angehörigen zum Besuch während der Durchführung der Maßnahmen der Eingliederungshilfe in einer Anstalt, einem Heim oder einer gleichartigen Einrichtung gewährt werden.

§ 41 Lebensunterhalt für Behinderte

(1) Die Hilfe nach § 40 Abs. 1 Nr. 3 bis 5 umfaßt auch den Lebensunterhalt des Behinderten.

(2) Für den Lebensunterhalt gelten die Bestimmungen des Abschnitts 2. Für Behinderte, die nicht mehr im volksschulpflichtigen Alter sind, ist für den laufenden Lebensunterhalt ein Mehrbedarf von mindestens fünfzig

vom Hundert des maßgebenden Regelsatzes anzuerkennen, wenn der Lebensunterhalt nach Regelsätzen zu bemessen ist. Satz 2 und § 23 mit Ausnahme des Absatzes 3 sind nebeneinander anzuwenden.

(3) Die Bestimmungen der Absätze 1 und 2 können auch nach Beendigung der in § 40 Abs. 1 Nr. 3 bis 5 genannten Maßnahmen während einer angemessenen Übergangszeit, vor allem einer Einarbeitungszeit, angewendet werden.

§ 42 Lebensunterhalt für andere Personen

(1) Erfordert die Behinderung stationäre Behandlung oder arbeits- und berufsfördernde Maßnahmen, sollen die Leistungen, die für die von dem Behinderten bisher auf Grund rechtlicher oder sittlicher Pflicht überwiegend unterhaltenen Personen nach Regelsätzen zu gewähren sind, angemessen erhöht werden; sie sollen so bemessen werden, daß der Wille des Behinderten zur Selbsthilfe gestärkt und eine nicht zumutbare Beeinträchtigung der Lebenshaltung des Behinderten und der von ihm bisher auf Grund rechtlicher oder sittlicher Pflicht überwiegend unterhaltenen Personen vermieden wird.

(2) § 41 Abs. 3 gilt entsprechend.

§ 43 Erweiterte Hilfe

Erfordert die Behinderung Gewährung der Hilfe in einer Anstalt, einem Heim oder einer gleichartigen Einrichtung oder ambulante Behandlung, ist die Hilfe hierfür auch dann in vollem Umfang zu gewähren, wenn den in § 28 genannten Personen die Aufbringung der Mittel zu einem Teil zuzumuten ist. In Höhe dieses Teils haben sie zu den Kosten der Hilfe beizutragen.

§ 44 Vorläufige Hilfeleistung

Steht nicht fest, ob ein anderer als der Träger der Sozialhilfe oder welcher andere zur Hilfe verpflichtet ist, hat der Träger der Sozialhilfe die notwendigen Maßnahmen unverzüglich durchzuführen, wenn zu befürchten ist, daß sie sonst nicht oder nicht rechtzeitig durchgeführt werden.

§ 45 Versagung der Hilfe

Wird der Erfolg der Hilfe durch den Behinderten oder durch den, der nach den Vorschriften des Bürgerlichen Gesetzbuches für die Person des Behinderten zu sorgen hat, schuldhaft gefährdet, kann die Weitergewährung der Hilfe ganz oder teilweise versagt werden; der Behinderte, der Sorgepflichtige und der behandelnde Arzt sind zu hören.

§ 46 Gesamtplan

(1) Der Träger der Sozialhilfe stellt so frühzeitig wie möglich einen Gesamtplan zur Durchführung der einzelnen Maßnahmen auf; bei Körperbehinderten oder von einer Körperbehinderung bedrohten Personen ist er im Benehmen mit dem Gesundheitsamt aufzustellen.

(2) Bei der Aufstellung des Gesamtplans und der Durchführung der Maßnahmen soll der Träger der Sozialhilfe mit dem Behinderten und den sonst im Einzelfalle Beteiligten, vor allem mit dem behandelnden Arzt, dem Gesundheitsamt, dem Landesarzt (§ 125) und den Dienststellen der Bundesanstalt für Arbeitsvermittlung und Arbeitslosenversicherung, zusammenwirken.

§ 47 Bestimmungen über die Durchführung der Hilfe

Die Bundesregierung kann durch Rechtsverordnung mit Zustimmung des Bundesrates Bestimmungen über die Abgrenzung des Personenkreises der Behinderten, über Art und Umfang der Maßnahmen der Eingliederungshilfe sowie über das Zusammenwirken mit anderen Stellen, die der Eingliederungshilfe entsprechende Maßnahmen durchführen, erlassen.

Unterabschnitt 8. Tuberkulosehilfe

§ 48 Aufgabe und Umfang

(1) Aufgabe der Tuberkulosehilfe ist es, die Heilung Tuberkulosekranker zu fördern und zu sichern sowie die Umgebung der Kranken gegen die Übertragung der Tuberkulose zu schützen.

(2) Die Tuberkulosehilfe umfaßt
1. Heilbehandlung,
2. Hilfe zur Eingliederung in das Arbeitsleben,
3. Hilfe zum Lebensunterhalt,
4. Sonderleistungen,
5. vorbeugende Hilfe.

(3) Wegen Tuberkulose wird Hilfe nach den §§ 36 und 37 nicht gewährt. Auf die Tuberkulosehilfe ist § 2 Abs. 2 Satz 2 nicht anzuwenden.

§ 49 Heilbehandlung

(1) Dem Kranken ist Heilbehandlung zu gewähren.

(2) Die Heilbehandlung umfaßt je nach den Erfordernissen des Einzelfalles
1. stationäre Behandlung einschließlich der Dauerbehandlung,
2. stationäre Beobachtung, auch zur Klärung diagnostischer Fragen,
3. ambulante Behandlung einschließlich der hierzu erforderlichen Kontrolluntersuchungen,
4. Versorgung mit Arznei-, Heil- und Verbandmitteln,
5. Behandlung in Kur- und Badeorten,
6. häusliche Wartung und Pflege,
7. Versorgung mit Körperersatzstücken sowie mit orthopädischen und anderen Hilfsmitteln im Zusammenhang mit den übrigen Maßnahmen der Heilbehandlung,
8. nachgehende Hilfe zur Sicherung der Wirksamkeit ärztlicher Maßnahmen.

(3) Die stationäre Behandlung schließt die gleichzeitige Behandlung anderer Krankheiten ein; sie schließt auch die zahnärztliche Behandlung und die Versorgung mit Zahnersatz ein, soweit diese für die Vorbereitung oder Durchführung der stationären Behandlung erforderlich sind.

§ 50 Hilfe zur Eingliederung in das Arbeitsleben

(1) Dem Kranken oder Genesenen ist Hilfe zur Eingliederung in das Arbeitsleben zu gewähren, soweit die Krankheit oder ihre Auswirkungen besondere Maßnahmen erfordern. Die Hilfe muß den Kräften und der Eignung des Kranken oder Genesenen entsprechen. Sie soll dazu beitragen, daß er die Auswirkungen der Krankheit soweit wie möglich überwindet.

(2) Die Hilfe umfaßt die in § 40 Abs. 1 Nr. 3 bis 6 genannten Maßnahmen, die im Zusammenhang mit ihnen erforderliche Versorgung mit Körperersatzstücken, orthopädischen und anderen Hilfsmitteln sowie nachgehende Hilfe zur Sicherung der Eingliederung in das Arbeitsleben. § 46 gilt entsprechend.

(3) Während der stationären Behandlung soll dem Kranken nach Möglichkeit Gelegenheit gegeben werden, seine beruflichen Kenntnisse zu erhalten und zu erweitern.

(4) Arbeitswilligen Kranken, die in absehbarer Zeit in das allgemeine Arbeitsleben nicht eingegliedert werden können, soll Gelegenheit gegeben werden, eine geeignete Tätigkeit auszuüben, soweit ihr Gesundheitszustand dies zuläßt.

§ 51 Hilfe zum Lebensunterhalt

Für die Hilfe zum Lebensunterhalt gelten die Bestimmungen des Abschnitts 2, soweit die §§ 52 bis 55 nichts anderes bestimmen.

§ 52 Empfänger der Hilfe zum Lebensunterhalt

Hilfe zum Lebensunterhalt ist zu gewähren
1. dem Kranken,
2. dem Genesenen für die Dauer der Maßnahmen zur Eingliederung in das Arbeitsleben nach § 50 in Verbindung mit § 40 Abs. 1 Nr. 3 bis 5,
3. den Personen, zu deren Unterhalt der Kranke oder Genesene verpflichtet ist, wenn sie bis zur Erkrankung mit ihm in häuslicher Gemeinschaft gelebt haben oder wenn seine Unterhaltspflicht nach diesem Zeitpunkt entstanden ist,
4. den Personen, denen der Kranke oder Genesene oder sein nicht getrennt lebender Ehegatte bis zur Erkrankung auf Grund rechtlicher oder sittlicher Pflicht regelmäßig Unterhalt gewährt hat.

Anderen Personen soll Hilfe zum Lebensunterhalt gewährt werden, wenn sie in Wohngemeinschaft mit einem Kranken leben, der an einer ansteckungsfähigen Tuberkulose leidet.

§ 53 Form und Maß der Hilfe zum Lebensunterhalt

(1) Form und Maß der Hilfe zum Lebensunterhalt müssen den durch die Krankheit verursachten besonderen Bedürfnissen des Kranken oder Genesenen sowie der anderen in § 52 genannten Personen entsprechen.

(2) Soweit der Lebensunterhalt nach Regelsätzen zu bemessen ist, ist ein Mehrbedarf von fünfzig vom Hundert des maßgebenden Regelsatzes anzuerkennen. Außerdem sind dem Kranken oder Genesenen und den anderen in § 52 genannten Personen, die tuberkulosegefährdet oder -bedroht sind, nach dem Bedürfnis des Einzelfalles besondere Ernährungszulagen zu gewähren.

(3) § 23 ist neben Absatz 2 anzuwenden, § 23 Abs. 1 Nr. 2 nur, wenn die Erwerbsunfähigkeit nicht durch Tuberkulose verursacht worden ist.

(4) Die Hilfe zum Lebensunterhalt für die in § 52 Satz 1 genannten Personen, die nicht mit dem Kranken oder Genesenen in häuslicher Gemeinschaft leben oder bis zur Erkrankung gelebt haben, soll nicht höher sein als die Leistungen, die der Kranke oder Genesene oder sein nicht getrennt lebender Ehegatte ihnen vor der Erkrankung durchschnittlich gewährt hat.

§ 54 Hilfe zum Lebensunterhalt in Sonderfällen

Ist dem Kranken auf Grund eines strafgerichtlichen Urteils oder einer sonstigen richterlichen Entscheidung die Freiheit entzogen, so wird den anderen in § 52 genannten Personen Hilfe zum Lebensunterhalt als Tuberkulosehilfe nur gewährt, wenn der Kranke vor der Freiheitsentziehung in häuslicher Gemeinschaft mit ihnen gelebt hat. Die Hilfe wird außer im Falle der Untersuchungshaft nur bis zum Ablauf des sechsten Monats nach Beginn der Freiheitsentziehung gewährt.

§ 55 Hilfe zum Lebensunterhalt während einer Übergangszeit

Hilfe zum Lebensunterhalt soll, soweit angemessen, auch während einer Übergangszeit gewährt werden, besonders während einer Einarbeitungszeit, bei Teilzeit- oder Leichtarbeit oder beim Bezuge von Arbeitslosengeld oder Unterstützung aus der Arbeitslosenhilfe. Die Hilfe soll jedoch in der Regel nicht länger als zwei Jahre nach Beendigung der Heilbehandlung oder der Maßnahmen zur Eingliederung in das Arbeitsleben nach § 50 in Verbindung mit § 40 Abs. 1 Nr. 3 bis 5 gewährt werden.

§ 56 Sonderleistungen

(1) Als Sonderleistungen sollen, soweit im Einzelfall geboten, gewährt werden
1. Beihilfen zur Haltung von Ersatzkräften im Haushalt oder Kleinbetrieb,
2. Mitwirkung bei der Wohnungsbeschaffung.

Die Leistung nach Nummer 2 wird ohne Rücksicht auf vorhandenes Einkommen oder Vermögen gewährt.

(2) Als Sonderleistungen können, soweit dies im Einzelfall gerechtfertigt ist, gewährt werden
1. Beihilfen oder Darlehen zur Verbesserung der Wohnverhältnisse,
2. Beihilfen an den Kranken oder seine Angehörigen zum Besuch während der stationären Behandlung und der stationären Maßnahmen zur Eingliederung in das Arbeitsleben.

§ 57 Vorbeugende Hilfe

(1) Vorbeugende Hilfe ist Minderjährigen und ihren Müttern zu gewähren, wenn sie in Wohngemeinschaft mit einem Kranken leben, der an einer ansteckungsfähigen Tuberkulose leidet. Sie kann auch anderen Personen aus der Umgebung eines Tuberkulosekranken gewährt werden.

(2) Die vorbeugende Hilfe umfaßt alle Maßnahmen, die geeignet sind, die in Absatz 1 genannten Personen gegen die Übertragung der Krankheit oder eine erneute Erkrankung widerstandsfähig zu machen.

§ 58 Erweiterte Hilfe

Heilbehandlung und Hilfe zur Eingliederung in das Arbeitsleben sind auch dann in vollem Umfange zu gewähren, wenn den in § 28 genannten Personen die Aufbringung der Mittel zu einem Teil zuzumuten ist. In Höhe dieses Teils haben sie zu den Kosten der Hilfe beizutragen.

§ 59 Vorläufige Hilfeleistung

(1) Steht nicht fest, ob ein anderer als der Träger der Sozialhilfe oder welcher andere zur Hilfe verpflichtet ist, hat der Träger der Sozialhilfe die notwendigen Maßnahmen unverzüglich durchzuführen, wenn zu befürchten ist, daß sie sonst nicht oder nicht rechtzeitig durchgeführt werden. Sind in anderen Fällen Maßnahmen der Heilbehandlung unaufschiebbar, hat der Träger der Sozialhilfe sie einzuleiten.

(2) Der Träger der Sozialhilfe hat die Stelle, die er zur Gewährung der Hilfe für verpflichtet hält, unverzüglich über seine Maßnahmen zu unterrichten. Die verpflichtete Stelle hat die dem Träger der Sozialhilfe entstandenen Kosten zu erstatten; für die Erstattungspflicht der Träger der gesetzlichen Krankenversicherung gelten die §§ 1531 bis 1543 der Reichsversicherungsordnung entsprechend.

§ 60 Weiterbestehen der sachlichen Zuständigkeit

Ändern sich nach der Feststellung der Behandlungsbedürftigkeit durch einen amtlich bestellten Arzt die Umstände, welche die sachliche Zuständigkeit eines Trägers der Sozialhilfe begründet haben, so bleibt seine Zuständigkeit bis zur Beendigung der Heilbehandlung bestehen. Dies gilt jedoch nicht in den Fällen des § 59 und nicht über den Ablauf des dritten Monats hinaus, der auf die Entlassung aus der stationären Behandlung folgt.

§ 61 Übernahme von Kosten durch den Träger der Sozialhilfe

Der Träger der Sozialhilfe ist nicht verpflichtet, Kosten für eine Maßnahme zu übernehmen, die nicht von ihm veranlaßt oder genehmigt ist, außer wenn die Maßnahme von einer Stelle eingeleitet ist, die im Falle von Tuberkulose Leistungen zu gewähren hat, und wenn sie bei rechtzeitiger Kenntnis von dem Träger der Sozialhilfe durchzuführen gewesen wäre.

§ 62 Übernahme der Heilbehandlung und der Hilfe zur Eingliederung in das Arbeitsleben

Der örtlich zuständige Träger der Sozialhilfe ist verpflichtet, auf Antrag einer Stelle, die im Falle von Tuberkulose Leistungen zu gewähren hat, auf deren Rechnung die Heilbehandlung und die Hilfe zur Eingliederung in das Arbeitsleben durchzuführen. Er kann die Erstattung angemessener Verwaltungskosten verlangen.

§ 63 Beteiligung des Gesundheitsamtes

(1) Tuberkulosehilfe kann bei dem Gesundheitsamt oder bei der Gemeinde, in welcher der Hilfesuchende sich tatsächlich aufhält, beantragt werden. Die Gemeinde leitet den Antrag unverzüglich an das Gesundheitsamt weiter. Das Gesundheitsamt leitet den Antrag mit seiner Stellungnahme unverzüglich dem Träger der Sozialhilfe zu.

(2) Wird kein Antrag nach Absatz 1 gestellt, kann das Gesundheitsamt Tuberkulosehilfe bei dem Träger der Sozialhilfe beantragen.

(3) Wird kein Antrag nach Absatz 1 oder Absatz 2 gestellt, hat der Träger der Sozialhilfe die von ihm beabsichtigten Maßnahmen im Benehmen mit dem Gesundheitsamt einzuleiten.

§ 64 Beratung, Aufklärung, Weisungen

(1) Der Träger der Sozialhilfe und das Gesundheitsamt haben den Kranken oder Genesenen, die Personen, die mit ihm in häuslicher Gemeinschaft leben oder bis zur Erkrankung gelebt haben, sowie die sonstigen Hilfeempfänger zu beraten und in geeigneter Weise aufzuklären, wie die Heilung gefördert und gesichert, die Pflege durchgeführt und die Ansteckung vermieden werden kann. Falls erforderlich, kann der Träger der Sozialhilfe oder das Gesundheitsamt den in Satz 1 genannten Personen Weisungen erteilen; der Kranke darf jedoch nicht verpflichtet werden, sich einer Behandlung, die mit einer erheblichen Gefahr für Leben und Gesundheit verbunden ist, oder einer Operation, die einen erheblichen Eingriff in die körperliche Unversehrtheit bedeutet, zu unterziehen.

(2) Die in Absatz 1 Satz 1 genannten Personen sind verpflichtet, dem Träger der Sozialhilfe und dem Gesundheitsamt die zur Bekämpfung der Tuberkulose erforderlichen Auskünfte zu geben und ihren Weisungen zu folgen. Verstößt der Kranke, der Genesene oder ein sonstiger Hilfeemp-

fänger in grober Weise oder beharrlich gegen eine Weisung des Trägers der Sozialhilfe oder gefährdet er vorsätzlich oder grobfahrlässig andere Personen, den Erfolg der Heilbehandlung oder einer Maßnahme zur Eingliederung in das Arbeitsleben, so können die Hilfe zu seinem Lebensunterhalt bis auf das Unerläßliche eingeschränkt und die Sonderleistungen ganz oder teilweise versagt werden, solange er trotz schriftlichen Hinweises auf diese Folgen sein Verhalten fortsetzt.

(3) Die nach Absatz 2 zur Erteilung einer Auskunft Verpflichteten können die Auskunft auf solche Fragen verweigern, deren Beantwortung sie selbst oder einen der in § 383 Abs. 1 Nr. 1 bis 3 der Zivilprozeßordnung bezeichneten Angehörigen der Gefahr strafgerichtlicher Verfolgung oder eines Verfahrens nach dem Gesetz über Ordnungswidrigkeiten aussetzen würde.

§ 65 Durchführungsvorschriften, Einzelweisungen

(1) Die Bundesregierung kann durch Rechtsverordnung mit Zustimmung des Bundesrates nähere Vorschriften über Inhalt und Umfang der in den §§ 49 bis 58 genannten Leistungen erlassen.

(2) Der Bundesminister des Innern erläßt mit Zustimmung des Bundesrates allgemeine Verwaltungsvorschriften, die zur Durchführung der Bestimmungen über die Tuberkulosehilfe erforderlich sind.

(3) Die Bundesregierung kann in Fällen von grundsätzlicher oder erheblicher finanzieller Bedeutung Einzelweisungen erteilen für
1. die Leistungen in den Fällen der stationären Dauerbehandlung nach § 49 Abs. 2 Nr. 1,
2. den Vollzug
   a) der Hilfe zur Eingliederung in das Arbeitsleben,
   b) der Hilfe zum Lebensunterhalt nach § 53 Abs. 2 Satz 2 (besondere Ernährungslagen),
   c) der Sonderleistungen,
   d) der vorbeugenden Hilfe.

§ 66 Kostentragung durch den Bund

(1) Der Bund trägt zur Hälfte die Aufwendungen, die dem Träger der Sozialhilfe entstehen
1. durch Leistungen in den Fällen der stationären Dauerbehandlung nach § 49 Abs. 2 Nr. 1,
2. durch den Vollzug der §§ 50, 53 Abs. 2 Satz 2 und der §§ 56 und 57.
Persönliche und sächliche Verwaltungskosten bleiben hierbei außer Ansatz.

(2) Als stationäre Dauerbehandlung im Sinne des Absatzes 1 gilt die stationäre Behandlung vom Beginn des zweiten Jahres an, solange bei dem Kranken Bakterien nachweisbar sind. Die Dauer einer früheren stationären Behandlung ist nicht zu berücksichtigen, wenn der Zeitraum zwischen dem Verlassen der Einrichtung und der erneuten Aufnahme mehr als sechs Monate betragen hat.

(3) Absatz 1 gilt nicht für Leistungen an die in § 7 Abs. 2 Ziff. 3 des Ersten Gesetzes zur Überleitung von Lasten und Deckungsmitteln auf den Bund (Erstes Überleitungsgesetz) in der Fassung vom 28. April 1955 (Bundesgesetzbl. I S. 193) genannten Personen.

Unterabschnitt 9. Blindenhilfe

§ 67

(1) Blinden, die das dritte Lebensjahr vollendet haben, ist zum Ausgleich der durch die Blindheit bedingten Mehraufwendungen Blindenhilfe zu gewähren, soweit sie keine gleichartigen Leistungen nach anderen Rechtsvorschriften erhalten.

(2) Die Blindenhilfe beträgt für Blinde nach Vollendung des achtzehnten Lebensjahres monatlich zweihundertvierzig Deutsche Mark, für Blinde, die das achtzehnte Lebensjahr noch nicht vollendet haben, monatlich einhundertzwanzig Deutsche Mark.

(3) Bei Blinden in Anstalten, Heimen oder gleichartigen Einrichtungen tritt an die Stelle des Betrages von zweihundertvierzig Deutsche Mark der Betrag von einhundertvierzig Deutsche Mark, an die Stelle des Betrages von einhundertzwanzig Deutsche Mark der Betrag von siebzig Deutsche Mark; dies gilt von dem ersten Tage des zweiten Monats an, der auf den Eintritt in die Einrichtung folgt, für jeden vollen Kalendermonat des Aufenthalts in der Einrichtung. Für jeden vollen Tag vorübergehender Abwesenheit von der Einrichtung wird die Blindenhilfe in Höhe von je einem Dreißigstel des Betrages nach Absatz 2 gewährt, wenn die vorübergehende Abwesenheit länger als sechs volle zusammenhängende Tage dauert; der Betrag nach Satz 1 wird im gleichen Verhältnis gekürzt.

(4) Ein Blinder, der sich weigert, eine ihm zumutbare Arbeit zu leisten oder sich zu einem angemessenen Beruf oder zu einer sonstigen angemessenen Tätigkeit ausbilden, fortbilden oder umschulen zu lassen, hat keinen Anspruch auf Blindenhilfe. Die Blindenhilfe kann versagt werden, soweit ihre bestimmungsmäßige Verwendung durch oder für den Blinden nicht möglich ist.

(5) Neben der Blindenhilfe werden Hilfe zur Pflege wegen Blindheit (§§ 68 und 69) außerhalb von Anstalten, Heimen und gleichartigen Einrichtungen sowie Taschengeld (§ 21 Abs. 3) nicht gewährt. Neben Absatz 1 ist § 23 Abs. 1 Nr. 2 nur anzuwenden, wenn der Blinde nicht allein wegen Blindheit erwerbsunfähig ist.

(6) Die Bundesregierung kann durch Rechtsverordnung mit Zustimmung des Bundesrates die Blindenhilfe unter Berücksichtigung gleichartiger Leistungen, die nach anderen Rechtsvorschriften des Bundes gewährt werden, neu festsetzen.

Unterabschnitt 10. Hilfe zur Pflege

§ 68 Inhalt

(1) Personen, die infolge Krankheit oder Behinderung so hilflos sind, daß sie nicht ohne Wartung und Pflege bleiben können, ist Hilfe zur Pflege zu gewähren.

(2) Dem Pflegebedürftigen sollen auch die Hilfsmittel zur Verfügung gestellt werden, die zur Erleichterung seiner Beschwerden wirksam beitragen. Ferner sollen ihm nach Möglichkeit angemessene Bildung und Anregungen kultureller oder sonstiger Art vermittelt werden.

§ 69 Häusliche Pflege, Pflegegeld

(1) Reichen im Falle des § 68 Abs. 1 häusliche Wartung und Pflege aus, gelten die Absätze 2 bis 5.

(2) Der Träger der Sozialhilfe soll darauf hinwirken, daß Wartung und Pflege durch Personen, die dem Pflegebedürftigen nahestehen, oder im Wege der Nachbarschaftshilfe übernommen werden. In diesen Fällen sind dem Pflegebedürftigen die angemessenen Aufwendungen der Pflegeperson zu erstatten; auch können angemessene Beihilfen gewährt werden.

(3) Ist ein Pflegebedürftiger, der das dritte Lebensjahr vollendet hat, so hilflos, daß er für die gewöhnlichen und regelmäßig wiederkehrenden Verrichtungen im Ablauf des täglichen Lebens in erheblichem Umfange der Wartung und Pflege dauernd bedarf, so ist ihm, wenn die notwendige Wartung und Pflege durch nahestehende Personen oder im Wege der Nachbarschaftshilfe voll oder im wesentlichen Umfange übernommen werden, ein Pflegegeld von einhundert Deutsche Mark monatlich zu gewähren. Erfordert der Zustand des Pflegebedürftigen außergewöhnliche Pflege, ist der Betrag des Pflegegeldes angemessen zu erhöhen. Pflegegeld wird nicht gewährt, soweit der Pflegebedürftige gleichartige Leistungen nach anderen Rechtsvorschriften erhält.

(4) Zusätzlich zum Pflegegeld werden Leistungen nach Absatz 2 Satz 2 nur insoweit gewährt, als ihr Gesamtbetrag im Einzelfall den Betrag des Pflegegeldes übersteigt.

(5) Soweit die notwendige Wartung und Pflege nicht durch Personen, die dem Pflegebedürftigen nahestehen, oder im Wege der Nachbarschaftshilfe übernommen werden, ist die Hilfe durch Übernahme der angemessenen Kosten für eine geeignete Pflegekraft oder, wenn dies möglich ist, durch Beauftragung einer Pflegekraft zu gewähren.

Unterabschnitt 11. Hilfe zur Weiterführung des Haushalts

§ 70 Inhalt und Aufgabe

(1) Personen mit eigenem Haushalt soll Hilfe zur Weiterführung des Haushalts gewährt werden, wenn keiner der Haushaltsangehörigen den Haushalt führen kann und die Weiterführung des Haushalts geboten ist. Die Hilfe soll in der Regel nur vorübergehend gewährt werden.

(2) Die Hilfe umfaßt die persönliche Betreuung von Haushaltsangehörigen sowie die sonstige zur Weiterführung des Haushalts erforderliche Tätigkeit.

(3) § 69 Abs. 2 gilt entsprechend.

§ 71 Hilfe durch anderweitige Unterbringung Haushaltsangehöriger

Die Hilfe kann auch durch Übernahme der angemessenen Kosten für eine vorübergehende anderweitige Unterbringung von Haushaltsangehörigen gewährt werden, wenn diese Unterbringung in besonderen Fällen neben oder statt der Weiterführung des Haushalts geboten ist.

Unterabschnitt 12. Hilfe für Gefährdete

§ 72 Inhalt und Aufgabe

(1) Personen, die das zwanzigste Lebensjahr vollendet haben und die dadurch gefährdet sind, daß sie aus Mangel an innerer Festigkeit ein geordnetes Leben in der Gemeinschaft nicht führen können, soll Hilfe gewährt werden.

(2) Aufgabe der Hilfe ist es, den Gefährdeten zu einem geordneten Leben hinzuführen. Hierbei kommt vor allem die Gewöhnung des Gefährdeten an

regelmäßige Arbeit in Betracht. Bei einem nicht seßhaften Gefährdeten ist anzustreben, daß er auf Dauer seßhaft wird.

(3) Die Hilfe wird ohne Rücksicht auf vorhandenes Einkommen oder Vermögen gewährt.

§ 73 Hilfe in einer Anstalt, einem Heim oder einer gleichartigen Einrichtung

(1) Dem Gefährdeten soll geraten werden, sich in die Obhut einer Anstalt, eines Heimes oder einer gleichartigen Einrichtung zu begeben, wenn andere Arten der Hilfe nicht ausreichen.

(2) Lehnt ein Gefährdeter die nach Absatz 1 angebotene Hilfe ab, kann das Gericht ihn anweisen, sich in einer geeigneten Anstalt, in einem geeigneten Heim oder in einer geeigneten gleichartigen Einrichtung aufzuhalten, wenn

1. der Gefährdete besonders willensschwach oder in seinem Triebleben besonders hemmungslos ist und
2. der Gefährdete verwahrlost oder der Gefahr der Verwahrlosung ausgesetzt ist und
3. die Hilfe nur in einer Anstalt, in einem Heim oder in einer gleichartigen Einrichtung wirksam gewährt werden kann.

Das Grundrecht der Freiheit der Person nach Artikel 2 Abs. 2 Satz 2 des Grundgesetzes wird insoweit eingeschränkt. Die Eignung der Anstalt, des Heimes oder der gleichartigen Einrichtung muß von der zuständigen Landesbehörde anerkannt sein.

(3) Auf das Verfahren nach Absatz 2 ist das Gesetz über das gerichtliche Verfahren bei Freiheitsentziehungen vom 29. Juni 1956 (Bundesgesetzbl. I S. 599), geändert durch das Gesetz zur Änderung und Ergänzung kostenrechtlicher Vorschriften vom 26. Juli 1957 (Bundesgesetzbl. I S. 861, 937), anzuwenden. Spätestens sechs Monate nach Rechtskraft der Anordnung ist über die Fortdauer der Unterbringung durch das Gericht von Amts wegen zu entscheiden. Der Leiter der Anstalt, des Heimes oder der Einrichtung kann den Gefährdeten vorübergehend in einer geeigneten Familie unterbringen, wenn dies geboten ist, um zu prüfen, ob die Voraussetzungen für die Unterbringung in einer Anstalt, in einem Heim oder in einer gleichartigen Einrichtung noch vorliegen. Er hat hiervon dem Gericht Mitteilung zu machen.

§ 74 Kostenbeitrag

Wird die Hilfe in einer Anstalt, einem Heim oder einer gleichartigen Einrichtung oder durch Unterbringung in einer Familie gewährt, hat der Gefährdete aus seinem Einkommen und Vermögen zu den Kosten des Lebensunterhalts in angemessenem Umfang beizutragen.

Unterabschnitt 13. Altenhilfe

§ 75

(1) Alten Menschen soll außer der Hilfe nach den übrigen Bestimmungen dieses Gesetzes Altenhilfe gewährt werden. Sie soll dazu beitragen, Schwierigkeiten, die durch das Alter entstehen, zu überwinden und Vereinsamung im Alter zu verhüten.

(2) Als Maßnahmen der Hilfe kommen in vertretbarem Umfang vor allem in Betracht

1. Hilfe zu einer Tätigkeit des alten Menschen, wenn sie von ihm erstrebt wird und in seinem Interesse liegt,
2. Hilfe bei der Beschaffung von Wohnungen, die den Bedürfnissen alter Menschen entsprechen,
3. Hilfe zum Besuch von Veranstaltungen oder Einrichtungen, die der Geselligkeit, der Unterhaltung oder den kulturellen Bedürfnissen alter Menschen dienen,
4. Hilfe, die alten Menschen die Verbindung mit nahestehenden Personen ermöglicht.

(3) Altenhilfe kann ohne Rücksicht auf vorhandenes Einkommen oder Vermögen gewährt werden, soweit im Einzelfalle persönliche Hilfe erforderlich ist.

Abschnitt 4. Einsatz des Einkommens und des Vermögens

Unterabschnitt 1. Allgemeine Bestimmungen über den Einsatz des Einkommens

§ 76 Begriff des Einkommens

(1) Zum Einkommen im Sinne dieses Gesetzes gehören alle Einkünfte in Geld oder Geldeswert mit Ausnahme der Leistungen nach diesem Gesetz.

(2) Von dem Einkommen sind abzusetzen
1. auf das Einkommen entrichtete Steuern,
2. Pflichtbeiträge zur Sozialversicherung einschließlich der Arbeitslosenversicherung,
3. Beiträge zu öffentlichen oder privaten Versicherungen oder ähnlichen Einrichtungen, soweit diese Beiträge gesetzlich vorgeschrieben oder nach Grund und Höhe angemessen sind,
4. die mit der Erzielung des Einkommens verbundenen notwendigen Ausgaben.

(3) Die Bundesregierung kann durch Rechtsverordnung mit Zustimmung des Bundesrates Näheres über die Berechnung des Einkommens, besonders der Einkünfte aus Land- und Forstwirtschaft, aus Gewerbebetrieb und aus selbständiger Arbeit, bestimmen.

§ 77 Zweckbestimmte Leistungen

Leistungen, die auf Grund öffentlich-rechtlicher Vorschriften zu einem ausdrücklich genannten Zweck gewährt werden, sind nur soweit als Einkommen zu berücksichtigen, als die Sozialhilfe im Einzelfall demselben Zweck dient.

§ 78 Zuwendungen

(1) Zuwendungen der freien Wohlfahrtspflege bleiben als Einkommen außer Betracht; dies gilt nicht, soweit die Zuwendung die Lage des Empfängers so günstig beeinflußt, daß daneben Sozialhilfe ungerechtfertigt wäre.

(2) Zuwendungen, die ein anderer gewährt, ohne hierzu eine rechtliche oder sittliche Pflicht zu haben, sollen als Einkommen außer Betracht bleiben, soweit ihre Berücksichtigung für den Empfänger eine besondere Härte bedeuten würde.

Unterabschnitt 2. Einkommensgrenzen für die Hilfe in besonderen Lebenslagen

§ 79 Allgemeine Einkommensgrenze

(1) Bei der Hilfe in besonderen Lebenslagen ist dem Hilfesuchenden und seinem nicht getrennt lebenden Ehegatten die Aufbringung der Mittel nicht zuzumuten, wenn während der Dauer des Bedarfs ihr monatliches Einkommen zusammen eine Einkommensgrenze nicht übersteigt, die sich ergibt aus

1. einem Grundbetrag in Höhe des Doppelten des Regelsatzes eines Haushaltsvorstandes,
2. den Kosten der Unterkunft und
3. einem Familienzuschlag von achtzig[1] Deutsche Mark für den nicht getrennt lebenden Ehegatten und für jede Person, die vom Hilfesuchenden oder seinem nicht getrennt lebenden Ehegatten bisher überwiegend unterhalten worden ist oder der sie nach der Entscheidung über die Gewährung der Sozialhilfe unterhaltspflichtig werden.

(2) Ist der Hilfesuchende minderjährig und unverheiratet, so ist ihm und seinen Eltern die Aufbringung der Mittel nicht zuzumuten, wenn während der Dauer des Bedarfs das monatliche Einkommen des Hilfesuchenden und seiner Eltern zusammen eine Einkommensgrenze nicht übersteigt, die sich ergibt aus

1. einem Grundbetrag in Höhe des Doppelten des Regelsatzes eines Haushaltsvorstandes,
2. den Kosten der Unterkunft und
3. einem Familienzuschlag von achtzig[1] Deutsche Mark für einen Elternteil, wenn die Eltern zusammenleben, sowie für den Hilfesuchenden und für jede Person, die von den Eltern oder dem Hilfesuchenden bisher überwiegend unterhalten worden ist oder der sie nach der Entscheidung über die Gewährung der Sozialhilfe unterhaltspflichtig werden.

Leben die Eltern nicht zusammen, richtet sich die Einkommensgrenze nach dem Elternteil, bei dem der Hilfesuchende lebt; lebt er bei keinem Elternteil, bestimmt sich die Einkommensgrenze nach Absatz 1.

(3) Der für den Grundbetrag maßgebende Regelsatz bestimmt sich nach dem Ort, an dem der Hilfeempfänger die Hilfe erhält. Bei der Hilfe in einer Anstalt, einem Heim oder einer gleichartigen Einrichtung sowie bei Unterbringung in einer anderen Familie oder bei den in § 104 genannten anderen Personen bestimmt er sich nach dem gewöhnlichen Aufenthalt des Hilfeempfängers oder, wenn im Falle des Absatzes 2 auch das Einkommen seiner Eltern oder eines Elternteils maßgebend ist, nach deren gewöhnlichem Aufenthalt; ist ein gewöhnlicher Aufenthalt im Geltungsbereich dieses Gesetzes nicht vorhanden oder nicht zu ermitteln, gilt Satz 1.

(4) Die Länder und, soweit nicht landesrechtliche Vorschriften entgegenstehen, auch die Träger der Sozialhilfe sind nicht gehindert, für bestimmte Arten der Hilfe in besonderen Lebenslagen der Einkommensgrenze einen höheren Grundbetrag und einen höheren Familienzuschlag zugrunde zu legen.

---

[1] Erhöht von sechzig auf achtzig Deutsche Mark durch VO zu § 82 vom 19. 2. 1964.

§ 80 Erhöhung der allgemeinen Einkommensgrenze

Der Familienzuschlag nach § 79 erhöht sich auf einhundert[1] Deutsche Mark
1. bei der Hilfe für werdende Mütter und Wöchnerinnen nach § 38,
2. bei der Hilfe zur Pflege nach den §§ 68 und 69,
3. bei der Hilfe zur Weiterführung des Haushalts nach den §§ 70 und 71,
4. bei der Eingliederungshilfe für Behinderte, soweit nicht die besondere Einkommensgrenze nach § 81 anzuwenden ist,
5. bei der Tuberkulosehilfe, soweit nicht die besondere Einkommensgrenze nach § 81 anzuwenden ist.

§ 81 Besondere Einkommensgrenze

(1) An die Stelle des Grundbetrages nach § 79 tritt ein Grundbetrag von fünfhundert Deutsche Mark
1. bei der Eingliederungshilfe für Behinderte nach § 39 Abs. 1, wenn die Hilfe in einer Anstalt, einem Heim oder einer gleichartigen Einrichtung gewährt wird oder wenn sie der in einer solchen Einrichtung gewährten Hilfe nach Art und Umfang vergleichbar ist,
2. bei der ambulanten Behandlung der in § 39 Abs. 1 genannten Personen (§ 40 Abs. 1 Nr. 1),
3. bei der Versorgung der in § 39 Abs. 1 genannten Personen mit Körperersatzstücken sowie mit größeren orthopädischen oder größeren anderen Hilfsmitteln (§ 40 Abs. 1 Nr. 2),
4. bei der Heilbehandlung und der Hilfe zur Eingliederung in das Arbeitsleben für Tuberkulosekranke oder Genesene (§§ 49 und 50).

(2) An die Stelle des Grundbetrages nach § 79 tritt bei der Blindenhilfe (§ 67) ein Grundbetrag von eintausend Deutsche Mark.

(3) Der Familienzuschlag erhöht sich in den Fällen der Absätze 1 und 2 auf einhundert[2] Deutsche Mark. Bei der Blindenhilfe beträgt er für den nicht getrennt lebenden Ehegatten die Hälfte des Grundbetrages nach Absatz 1, wenn beide Eheleute blind sind.

(4) § 79 Abs. 4 gilt nicht.

(5) Die Bundesregierung kann durch Rechtsverordnung mit Zustimmung des Bundesrats bestimmen, unter welchen Voraussetzungen im Falle des Absatzes 1 Nr. 1 die Hilfe der in einer Anstalt, einem Heim oder einer gleichartigen Einrichtung gewährten Hilfe nach Art und Umfang vergleichbar ist. Die Bundesregierung kann ferner durch Rechtsverordnung mit Zustimmung des Bundesrates bestimmen, welche orthopädischen und anderen Hilfsmittel die Voraussetzungen des Absatzes 1 Nr. 3 erfüllen.

§ 82 Anpassung des Familienzuschlages

Die Bundesregierung kann durch Rechtsverordnung mit Zustimmung des Bundesrates die Grundbeträge nach § 81 Abs. 1 und 2 unter Berücksichtigung der Entwicklung des Grundbetrages nach § 79 im Geltungsbereich dieses Gesetzes neu festsetzen. Die Bundesregierung kann ferner durch Rechtsverordnung mit Zustimmung des Bundesrates den Familienzuschlag nach

---

[1] Erhöht von achtzig auf einhundert Deutsche Mark durch VO zu § 82 vom 19. 2. 1964.

[2] Erhöht von achtzig auf einhundert Deutsche Mark durch VO zu § 82 vom 19. 2. 1964.

§ 79 Abs. 1 Nr. 3 und Abs. 2 Nr. 3 und den §§ 80 und 81 Abs. 3 an die Entwicklung der Regelsätze für Haushaltsangehörige im Geltungsbereich dieses Gesetzes anpassen.

§ 83 Zusammentreffen mehrerer Einkommensgrenzen

Kann dieselbe Leistung gleichzeitig nach mehreren Bestimmungen gewährt werden, für die unterschiedliche Einkommensgrenzen maßgebend sind, so wird sie nach der Bestimmung gewährt, für welche die höhere Einkommensgrenze maßgebend ist.

§ 84 Einsatz des Einkommens über der Einkommensgrenze

(1) Soweit das zu berücksichtigende Einkommen die maßgebende Einkommensgrenze übersteigt, ist die Aufbringung der Mittel in angemessenem Umfang zuzumuten. Bei der Prüfung, welcher Umfang angemessen ist, sind vor allem die Art des Bedarfs, die Dauer und Höhe der erforderlichen Aufwendungen sowie besondere Belastungen des Hilfesuchenden und seiner unterhaltsberechtigten Angehörigen zu berücksichtigen.

(2) Verliert der Hilfesuchende durch den Eintritt eines Bedarfsfalles sein Einkommen ganz oder teilweise und ist sein Bedarf nur von kurzer Dauer, so kann die Aufbringung der Mittel auch aus dem Einkommen verlangt werden, das er innerhalb eines angemessenen Zeitraumes nach dem Wegfall des Bedarfs erwirbt und das die maßgebende Einkommensgrenze übersteigt, jedoch nur insoweit, als ihm ohne den Verlust des Einkommens die Aufbringung der Mittel zuzumuten gewesen wäre.

§ 85 Einsatz des Einkommens unter der Einkommensgrenze

Die Aufbringung der Mittel kann, auch soweit das Einkommen unter der Einkommensgrenze liegt, verlangt werden,
1. soweit von einem anderen Leistungen für einen besonderen Zweck gewährt werden, für den sonst Sozialhilfe zu gewähren wäre,
2. wenn zur Deckung des Bedarfs nur geringfügige Mittel erforderlich sind,
3. soweit bei der Hilfe in einer Anstalt, einem Heim oder einer gleichartigen Einrichtung Aufwendungen für den häuslichen Lebensunterhalt erspart werden. Darüber hinaus kann in angemessenem Umfange die Aufbringung der Mittel verlangt werden von Personen, die auf voraussichtlich längere Zeit der Pflege in einer Anstalt, einem Heim oder einer gleichartigen Einrichtung bedürfen, solange sie nicht einen anderen überwiegend unterhalten.

§ 86 Sonderregelung für die Ausbildungshilfe, die Eingliederungshilfe für Behinderte und die Tuberkulosehilfe

(1) Bei der Ausbildungshilfe muß der Auszubildende sein Einkommen in voller Höhe einsetzen.

(2) Bei der Eingliederungshilfe für Behinderte nach § 40 Abs. 1 Nr. 3 bis 5 kann verlangt werden, daß der Behinderte, dem die Hilfe nicht in einer Anstalt, einem Heim oder einer gleichartigen Einrichtung gewährt wird, für seinen Lebensunterhalt sein Einkommen in voller Höhe einsetzt.

(3) Bei der Tuberkulosehilfe kann verlangt werden, daß die in § 52 genannten Personen für ihren Lebensunterhalt, der Kranke oder Genesene sowie sein nicht getrennt lebender Ehegatte auch für den Lebensunterhalt ihrer unterhaltsberechtigten Angehörigen, ihr Einkommen in voller Höhe einsetzen; dies gilt nicht für den Lebensunterhalt desjenigen, dem die Hilfe in einer Anstalt, einem Heim oder einer gleichartigen Einrichtung gewährt wird.

(4) Ist in den Fällen der Absätze 1 bis 3 der Hilfesuchende minderjährig und unverheiratet und wird der Bedarf nicht in vollem Umfang aus seinem Einkommen gedeckt, so ist für die Aufbringung der noch fehlenden Mittel bei der Prüfung der Zumutbarkeit nach § 79 Abs. 2 nur das Einkommen seiner Eltern zugrunde zu legen.

§ 87 Einsatz des Einkommens bei mehrfachem Bedarf

(1) Wird im Einzelfalle der Einsatz eines Teils des Einkommens zur Deckung eines bestimmten Bedarfs zugemutet oder verlangt, darf dieser Teil des Einkommens bei der Prüfung, inwieweit der Einsatz des Einkommens für einen anderen, gleichzeitig bestehenden Bedarf zuzumuten ist oder verlangt werden kann, nicht berücksichtigt werden.

(2) Sind im Falle des Absatzes 1 für die Bedarfsfälle unterschiedliche Einkommensgrenzen maßgebend, so ist zunächst über die Hilfe zu entscheiden, für welche die niedrigere Einkommensgrenze maßgebend ist.

(3) Sind im Falle des Absatzes 1 für die Bedarfsfälle gleiche Einkommensgrenzen maßgebend, jedoch für die Gewährung der Hilfe verschiedene Träger der Sozialhilfe zuständig, so hat die Entscheidung über die Hilfe für den zuerst eingetretenen Bedarf den Vorrang; treten die Bedarfsfälle gleichzeitig ein, so ist das über der Einkommensgrenze liegende Einkommen zu gleichen Teilen bei den Bedarfsfällen zu berücksichtigen.

Unterabschnitt 3. Einsatz des Vermögens

§ 88 Einzusetzendes Vermögen, Ausnahmen

(1) Zum Vermögen im Sinne dieses Gesetzes gehört das gesamte verwertbare Vermögen.

(2) Die Sozialhilfe darf nicht abhängig gemacht werden vom Einsatz oder von der Verwertung
1. eines Vermögens, das aus öffentlichen Mitteln zum Aufbau oder zur Sicherung einer Lebensgrundlage oder zur Gründung eines Hausstandes gewährt wird,
2. eines sonstigen Vermögens, soweit es zum Aufbau oder zur Sicherung einer angemessenen Lebensgrundlage oder zur Gründung eines angemessenen Hausstandes oder zur angemessenen Ergänzung des Hausrats alsbald verwendet werden wird,
3. eines angemessenen Hausrats; dabei sind die bisherigen Lebensverhältnisse des Hilfesuchenden zu berücksichtigen,
4. von Gegenständen, die zur Aufnahme oder Fortsetzung der Berufsausbildung oder der Erwerbstätigkeit unentbehrlich sind,
5. von Familien- und Erbstücken, deren Veräußerung für den Hilfesuchenden oder seine Familie eine besondere Härte bedeuten würde,
6. von Gegenständen, die zur Befriedigung geistiger, besonders wissenschaftlicher oder künstlerischer, Bedürfnisse dienen und deren Besitz nicht Luxus ist,
7. eines kleinen Hausgrundstücks, besonders eines Familienheims, wenn der Hilfesuchende das Hausgrundstück allein oder zusammen mit Angehörigen, denen es nach seinem Tode weiter als Wohnung dienen soll, ganz oder teilweise bewohnt,
8. kleinerer Barbeträge oder sonstiger Geldwerte; dabei ist eine besondere Notlage des Hilfesuchenden zu berücksichtigen.

(3) Die Sozialhilfe darf ferner nicht vom Einsatz oder von der Verwertung eines Vermögens abhängig gemacht werden, soweit dies für den, der das Vermögen einzusetzen hat, und für seine unterhaltsberechtigten Angehörigen eine Härte bedeuten würde. Dies ist bei der Hilfe in besonderen Lebenslagen vor allem der Fall, soweit eine angemessene Lebensführung oder die Aufrechterhaltung einer angemessenen Alterssicherung wesentlich erschwert würde.

(4) Der Bundesminister des Innern kann durch Rechtsverordnung mit Zustimmung des Bundesrates die Höhe der Barbeträge oder sonstigen Geldwerte im Sinne des Absatzes 2 Nr. 8 bestimmen.

§ 89 Darlehen

Soweit nach § 88 für den Bedarf des Hilfesuchenden Vermögen einzusetzen ist, jedoch der sofortige Verbrauch oder die sofortige Verwertung des Vermögens nicht möglich ist oder für den, der es einzusetzen hat, eine Härte bedeuten würde, soll die Sozialhilfe als Darlehen gewährt werden. Die Gewährung kann davon abhängig gemacht werden, daß der Anspruch auf Rückzahlung dinglich oder in anderer Weise gesichert wird.

Abschnitt 5. Verpflichtungen anderer

§ 90 Übergang von Ansprüchen

(1) Hat ein Hilfeempfänger für die Zeit, für die Hilfe gewährt wird, einen Anspruch gegen einen anderen, kann der Träger der Sozialhilfe durch schriftliche Anzeige an den anderen bewirken, daß der Anspruch bis zur Höhe seiner Aufwendungen auf ihn übergeht. Er kann den Übergang dieses Anspruchs auch wegen seiner Aufwendungen für diejenige Hilfe zum Lebensunterhalt bewirken, die er gleichzeitig mit der Hilfe für den in Satz 1 genannten Hilfeempfänger dessen nicht getrennt lebendem Ehegatten und dessen minderjährigen unverheirateten Kindern gewährt. Der Übergang des Anspruchs darf nur insoweit bewirkt werden, als die Hilfe bei rechtzeitiger Leistung des anderen nicht gewährt worden wäre. Der Übergang ist nicht dadurch ausgeschlossen, daß der Anspruch nicht übertragen, verpfändet oder gepfändet werden kann.

(2) Die schriftliche Anzeige bewirkt den Übergang des Anspruchs für die Zeit, für die dem Hilfeempfänger die Hilfe ohne Unterbrechung gewährt wird; als Unterbrechung gilt ein Zeitraum von mehr als zwei Monaten.

(3) Widerspruch und Anfechtungsklage gegen den Verwaltungsakt, der den Übergang des Anspruchs bewirkt, haben keine aufschiebende Wirkung.

(4) Absatz 1 gilt nicht, wenn in den Fällen des § 19 Abs. 2 und des § 20 Abs. 2 Hilfe zum Lebensunterhalt zuzüglich einer Entschädigung für Mehraufwendungen gewährt wird. und bei der Unterbringung in einer Arbeitseinrichtung nach § 26.

§ 91 Ansprüche gegen einen nach bürgerlichem Recht Unterhaltspflichtigen

(1) Der Träger der Sozialhilfe darf den Übergang eines Anspruchs nach § 90 gegen einen nach bürgerlichem Recht Unterhaltspflichtigen nur in dem Umfange bewirken, in dem ein Hilfeempfänger nach den Bestimmungen des Abschnitts 4 mit Ausnahme des § 84 Abs. 2 und des § 86 sein Einkommen und Vermögen einzusetzen hätte.

(2) Für die Vergangenheit kann ein Unterhaltspflichtiger außer unter den Voraussetzungen des bürgerlichen Rechts nur in Anspruch genommen werden, wenn ihm die Gewährung der Sozialhilfe unverzüglich schriftlich mitgeteilt worden ist.

(3) Der Träger der Sozialhilfe kann davon absehen, einen nach bürgerlichem Recht Unterhaltspflichtigen in Anspruch zu nehmen, soweit dies eine besondere Härte bedeuten würde.

Abschnitt 6. Kostenersatz

§ 92

(1) Eine Verpflichtung zum Ersatz der Kosten der Sozialhilfe besteht nur in den Fällen der Absätze 2 und 3; eine Verpflichtung zum Kostenersatz nach anderen Rechtsvorschriften bleibt unberührt.

(2) Zum Ersatz der Kosten der Sozialhilfe ist verpflichtet, wer nach Vollendung des achtzehnten Lebensjahres die Voraussetzungen für die Gewährung der Sozialhilfe an sich selbst oder seine unterhaltsberechtigten Angehörigen durch vorsätzliches oder grobfahrlässiges Verhalten herbeigeführt hat. Von der Heranziehung zum Kostenersatz kann abgesehen werden, soweit sie eine Härte bedeuten oder den Erfolg der Hilfe gefährden würde.

(3) Zum Ersatz der Kosten der Hilfe zum Lebensunterhalt (Abschnitt 2) sind der Empfänger der Hilfe und sein Ehegatte verpflichtet,

1. soweit ihr monatliches Einkommen zusammen die Einkommensgrenze nach § 81 Abs. 1 und 3 Satz 1 übersteigt und sein Einsatz nach § 84 zuzumuten ist, oder

2. soweit ihr Vermögen zusammen über dem Sechsfachen des Betrages der Einkommensgrenze nach § 81 Abs. 1 und Abs. 3 Satz 1 liegt.

Im Falle des Satzes 1 Nr. 2 ist der Ersatzanspruch gegenüber dem Empfänger der Hilfe und seinem Ehegatten nur geltend zu machen, soweit die dort genannten Voraussetzungen bei einem Vermögen vorliegen, das nicht zu dem in § 88 Abs. 2 und Abs. 3 genannten Vermögen gehört. Dem Empfänger von Hilfe zum Lebensunterhalt stehen Eltern gleich, deren Kindern vor Vollendung des achtzehnten Lebensjahres Hilfe zum Lebensunterhalt gewährt worden ist.

(4) Eine Verpflichtung zum Ersatz der Kosten besteht nicht, wenn in den Fällen des § 19 Abs. 2 und des § 20 Abs. 2 Hilfe zum Lebensunterhalt zuzüglich einer Entschädigung für Mehraufwendungen gewährt wird, sowie bei einer Unterbringung in einer Arbeitseinrichtung nach § 26.

(5) Eine nach Absatz 2 oder Absatz 3 eingetretene Verpflichtung zum Ersatz der Kosten geht auf den Erben über. Seine Haftung beschränkt sich auf den Nachlaß. Absatz 3 Satz 2 ist nur anzuwenden, soweit dies zur Vermeidung einer besonderen Härte für den Erben geboten ist.

(6) Im Falle des Absatzes 3 erlischt der Anspruch auf Ersatz nach vier Jahren vom Ablauf des Jahres an, in dem die Sozialhilfe gewährt worden ist.

Abschnitt 7. Einrichtungen, Zusammenarbeit

§ 93 Einrichtungen

(1) Die Träger der Sozialhilfe sollen darauf hinwirken, daß die zur Gewährung der Sozialhilfe geeigneten Einrichtungen ausreichend zur Verfügung stehen. Sie sollen eigene Einrichtungen nicht neu schaffen, soweit geeignete Einrichtungen der in § 10 Abs. 2 genannten Träger der freien Wohlfahrtspflege vorhanden sind, ausgebaut oder geschaffen werden können.

(2) Werden im Einzelfall Einrichtungen anderer Träger in Anspruch genommen, sind Vereinbarungen über die von den Trägern der Sozialhilfe zu erstattenden Kosten anzustreben, soweit darüber keine landesrechtlichen Vorschriften bestehen.

(3) Die Bundesregierung kann im Falle des Absatzes 2 durch Rechtsverordnung mit Zustimmung des Bundesrates bestimmen, welche Kostenbestandteile bei den zu erstattenden Kosten zu berücksichtigen sind.

§ 94 Zusammenarbeit mit Trägern anderer Sozialleistungen

(1) Die Träger der Sozialhilfe sollen mit den Trägern anderer Sozialleistungen zur Abstimmung der Sozialhilfe und anderer Sozialleistungen zusammenarbeiten, wenn die Leistungen gleichartig sind und wenn gleichmäßige Gewährung oder im Einzelfall gegenseitige Ergänzung geboten ist.

(2) Sind von den Trägern der Sozialhilfe und von Trägern anderer Sozialleistungen allgemeine Maßnahmen, vor allem die Schaffung von Einrichtungen, für gleiche Aufgaben durchzuführen, sollen die Träger der Sozialhilfe auch hier eine Abstimmung anstreben.

§ 95 Arbeitsgemeinschaften

(1) Die Träger der Sozialhilfe sollen die Bildung von Arbeitsgemeinschaften anstreben, wenn es geboten ist, die gleichmäßige oder gemeinsame Durchführung von Maßnahmen zu beraten oder zu sichern. In den Arbeitsgemeinschaften sollen vor allem die Stellen vertreten sein, deren gesetzliche Aufgaben dem gleichen Ziel dienen oder die an der Durchführung der Maßnahmen beteiligt sind, besonders die Verbände der freien Wohlfahrtspflege.

(2) Bei der Bekämpfung der Tuberkulose sollen die Träger der Sozialhilfe mit anderen gesetzlich verpflichteten Stellen zur Abstimmung der Maßnahmen und Verwaltungsverfahren Arbeitsgemeinschaften bilden mit dem Ziel, die Aufgaben gemeinsam zu erfüllen. Die Arbeitsgemeinschaften sollen vor allem den Bettenausgleich und das Verfahren der Schnelleinweisung regeln. Der Träger der Sozialhilfe soll die Bildung der Arbeitsgemeinschaft anstreben, wenn in seinem Bereich keine Arbeitsgemeinschaft besteht.

Abschnitt 8. Träger der Sozialhilfe

§ 96 Örtliche und überörtliche Träger

(1) Örtliche Träger der Sozialhilfe sind die kreisfreien Städte und die Landkreise. Sie führen die Sozialhilfe als Selbstverwaltungsangelegenheit durch. Die Länder können bestimmen, daß und inwieweit die Landkreise ihnen zugehörige Gemeinden oder Gemeindeverbände zur Durchführung von Aufgaben nach diesem Gesetz heranziehen und ihnen dabei Weisungen erteilen können; in diesen Fällen erlassen die Landkreise den Widerspruchsbescheid nach der Verwaltungsgerichtsordnung.

(2) Die Länder bestimmen die überörtlichen Träger. Sie können bestimmen, daß und inwieweit die überörtlichen Träger örtliche Träger zur Durchführung von Aufgaben nach diesem Gesetz heranziehen und ihnen dabei Weisungen erteilen können; in diesen Fällen erlassen die überörtlichen Träger den Widerspruchsbescheid nach der Verwaltungsgerichtsordnung.

§ 97 Örtliche Zuständigkeit

Für die Sozialhilfe örtlich zuständig ist der Träger der Sozialhilfe, in dessen Bereich sich der Hilfesuchende tatsächlich aufhält. Für die Ausbildungshilfe gilt die Sonderregelung des § 98.

§ 98 Örtliche Zuständigkeit bei der Gewährung von Ausbildungshilfe

(1) Für die Ausbildungshilfe nach § 31 ist der Träger der Sozialhilfe örtlich zuständig, in dessen Bereich der Unterhaltspflichtige, dessen Haushalt der Auszubildende vor Beginn der durch die Hilfe zu fördernden Ausbildung angehört hat, seinen gewöhnlichen Aufenthalt hat. Ist ein gewöhnlicher Aufenthalt des Unterhaltspflichtigen im Geltungsbereich dieses Gesetzes nicht vorhanden oder hat der Auszubildende vor Beginn der durch die Hilfe zu fördernden Ausbildung nicht dem Haushalt eines Unterhaltspflichtigen angehört, so ist örtlich zuständig der Träger der Sozialhilfe, in dessen Bereich sich der Hilfesuchende tatsächlich aufhält.

(2) Solange nicht feststeht, ob die örtliche Zuständigkeit nach Absatz 1 Satz 1 gegeben ist, ist der in Absatz 1 Satz 2 genannte Träger der Sozialhilfe örtlich zuständig, wenn zu befürchten ist, daß die Ausbildungshilfe sonst nicht oder nicht rechtzeitig gewährt wird. Er kann von dem nach Absatz 1 Satz 1 zuständigen Träger Erstattung der aufgewendeten Kosten verlangen, sobald dessen Zuständigkeit feststeht. § 112 gilt entsprechend.

§ 99 Sachliche Zuständigkeit des örtlichen Trägers

Für die Sozialhilfe sachlich zuständig ist der örtliche Träger der Sozialhilfe, soweit nicht nach § 100 oder nach Landesrecht der überörtliche Träger sachlich zuständig ist.

§ 100 Sachliche Zuständigkeit des überörtlichen Trägers

(1) Der überörtliche Träger der Sozialhilfe ist sachlich zuständig
1. für die Hilfe in besonderen Lebenslagen für die in § 39 Abs. 1 genannten Personen, für Geisteskranke, Personen mit einer sonstigen geistigen oder seelischen Behinderung oder Störung, Epileptiker und Suchtkranke, wenn die Behinderung, der Zustand oder das Leiden dieser Personen den Aufenthalt in einer Anstalt, einem Heim oder einer gleichartigen Einrichtung erfordert,
2. für die Versorgung Behinderter mit Körperersatzstücken, größeren orthopädischen und größeren anderen Hilfsmitteln im Sinne des § 81 Abs. 1 Nr. 3,
3. für die Tuberkulosehilfe,
4. für die Blindenhilfe nach § 67,
5. für die Hilfe für Gefährdete, wenn die Gefährdung den Aufenthalt in einer Anstalt, einem Heim oder einer gleichartigen Einrichtung erfordert,
6. für die Hilfe zum Lebensunterhalt oder in besonderen Lebenslagen in einer Anstalt, einem Heim oder einer gleichartigen Einrichtung, wenn die Hilfe dazu bestimmt ist, Nichtseßhafte seßhaft zu machen,
7. für die Ausbildungshilfe zum Besuch einer Hochschule.

(2) In den Fällen des Absatzes 1 Nr. 1, 3, 5 und 6 erstreckt sich die Zuständigkeit des überörtlichen Trägers auf alle Leistungen, die dem Hilfeempfänger für seine Person nach diesem Gesetz gleichzeitig zu gewähren sind, sowie auf die Hilfe nach § 15.

§ 101 Allgemeine Aufgaben des überörtlichen Trägers

Die überörtlichen Träger sollen zur Weiterentwicklung von Maßnahmen der Sozialhilfe, vor allem bei verbreiteten Krankheiten, beitragen; hierfür können sie die erforderlichen Einrichtungen schaffen oder fördern.

§ 102 Fachkräfte

Bei der Durchführung dieses Gesetzes sollen Personen beschäftigt werden, die sich hierfür nach ihrer Persönlichkeit eignen und in der Regel entweder eine ihren Aufgaben entsprechende Ausbildung erhalten haben oder besondere Erfahrungen im Sozialwesen besitzen.

Abschnitt 9. Kostenerstattung zwischen den Trägern der Sozialhilfe

§ 103 Kostenerstattung bei Aufenthalt in einer Anstalt

(1) Kosten, die ein Träger der Sozialhilfe für den Aufenthalt eines Hilfeempfängers in einer Anstalt, einem Heim oder einer gleichartigen Einrichtung aufgewendet hat, sind von dem sachlich zuständigen Träger zu erstatten, in dessen Bereich der Hilfeempfänger seinen gewöhnlichen Aufenthalt im Zeitpunkt der Aufnahme in die Einrichtung hat oder in den zwei Monaten vor der Aufnahme zuletzt gehabt hat. Tritt jemand aus einer Anstalt, einem Heim oder einer gleichartigen Einrichtung in eine andere Einrichtung oder von dort in weitere Einrichtungen über, richtet sich der zur Kostenerstattung verpflichtete Träger nach dem gewöhnlichen Aufenthalt, der für die erste Einrichtung maßgebend ist.

(2) Als Aufenthalt in einer Anstalt, einem Heim oder einer gleichartigen Einrichtung gilt auch, wenn jemand außerhalb der Einrichtung untergebracht wird, aber in ihrer Betreuung bleibt, oder aus der Einrichtung beurlaubt wird.

(3) Die Verpflichtung zur Kostenerstattung nach Absatz 1 besteht auch, wenn jemand beim Verlassen einer Einrichtung oder innerhalb von zwei Wochen danach der Sozialhilfe bedarf, solange er sich nach dem Verlassen der Einrichtung ununterbrochen im Bereich des örtlichen Trägers, in dem die Einrichtung liegt, außerhalb einer Anstalt, eines Heims oder einer gleichartigen Einrichtung aufhält; die Verpflichtung zur Erstattung fällt weg, wenn für einen zusammenhängenden Zeitraum von einem Monat Hilfe nicht zu gewähren war.

(4) Bei Gewährung von Ausbildungshilfe nach § 31 gilt Absatz 1 nur, wenn sie von dem nach § 98 Abs. 1 Satz 2 örtlich zuständigen Träger gewährt wird.

(5) Anstalten, Heime oder gleichartige Einrichtungen im Sinne der Absätze 1 bis 3 sind alle Einrichtungen, die der Pflege, der Behandlung oder sonstigen in diesem Gesetz vorgesehenen Maßnahmen oder der Erziehung dienen.

§ 104 Kostenerstattung bei Unterbringung in einer anderen Familie

§ 103 gilt entsprechend, wenn ein Kind oder ein Jugendlicher unter sechzehn Jahren in einer anderen Familie oder bei anderen Personen als bei seinen Eltern oder bei einem Elternteil untergebracht ist.

§ 105 Kostenerstattung bei Geburt in einer Anstalt

Wird ein Kind in einer Anstalt, einem Heim oder einer gleichartigen Einrichtung geboren, so gilt § 103 entsprechend; an die Stelle des gewöhnlichen Aufenthalts des Hilfeempfängers tritt der gewöhnliche Aufenthalt der Mutter des Kindes.

§ 106 Kostenerstattungspflicht des überörtlichen Trägers

Ist in Fällen der §§ 103 bis 105 ein gewöhnlicher Aufenthalt im Geltungsbereich dieses Gesetzes nicht vorhanden oder nicht zu ermitteln und gewährt die Hilfe ein örtlicher Träger der Sozialhilfe, so sind die aufgewendeten Kosten von dem überörtlichen Träger der Sozialhilfe zu erstatten, zu dessen Bereich der örtliche Träger gehört.

§ 107 Kostenerstattung bei pflichtwidriger Handlung

(1) Ein Träger der Sozialhilfe hat einem anderen Träger die aufgewendeten Kosten zu erstatten, wenn diese Kosten durch eine pflichtwidrige Handlung des Trägers der Sozialhilfe oder der von ihm beauftragten Stelle entstanden sind.

(2) Gewährt ein Träger der Sozialhilfe einem Hilfesuchenden Reisegeld, so handelt er nicht pflichtwidrig, wenn dadurch die Reise an den Ort des gewöhnlichen Aufenthalts ermöglicht wird oder wenn dadurch die Notlage des Hilfesuchenden beseitigt oder wesentlich gemindert wird oder wenn die Reise zur Zusammenführung naher Angehöriger geboten und eine Unterkunft für den Hilfesuchenden gesichert ist.

(3) Im Falle des Absatzes 1 hat der erstattungspflichtige Träger der Sozialhilfe auf Verlangen des anderen Trägers außerdem einen Betrag in Höhe eines Drittels der aufgewendeten Kosten, mindestens jedoch fünfzig Deutsche Mark, zu zahlen.

(4) Die Verpflichtung nach den Absätzen 1 und 3 besteht nicht oder fällt weg, wenn für einen zusammenhängenden Zeitraum von drei Monaten Hilfe nicht zu gewähren war.

§ 108 Kostenerstattung bei Übertritt aus dem Ausland

(1) Tritt jemand, der im Geltungsbereich dieses Gesetzes keinen gewöhnlichen Aufenthalt hat, aus dem Ausland in den Geltungsbereich dieses Gesetzes über und bedarf er innerhalb eines Monats nach seinem Übertritt der Sozialhilfe, so sind die aufgewendeten Kosten von dem überörtlichen Träger der Sozialhilfe zu erstatten, in dessen Bereich der Hilfesuchende geboren ist.

(2) Liegt der Geburtsort des Hilfesuchenden nicht im Geltungsbereich dieses Gesetzes oder ist er nicht zu ermitteln, wird der zur Kostenerstattung verpflichtete überörtliche Träger der Sozialhilfe von einer Schiedsstelle bestimmt. Hierbei hat die Schiedsstelle die Einwohnerzahl und die sich nach Absatz 1 und § 119 ergebenden Belastungen zu berücksichtigen. Die Schiedsstelle wird durch Verwaltungsvereinbarung der Länder gebildet.

(3) Leben Ehegatten, Verwandte und Verschwägerte bei Eintritt des Bedarfs an Sozialhilfe zusammen, richtet sich der erstattungspflichtige Träger nach dem ältesten von ihnen, der im Geltungsbereich dieses Gesetzes geboren ist. Ist keiner von ihnen im Geltungsbereich dieses Gesetzes geboren, so ist ein gemeinsamer erstattungspflichtiger Träger nach Absatz 2 zu bestimmen.

(4) Ist ein Träger der Sozialhilfe nach Absatz 1, Absatz 2 oder Absatz 3 zur Erstattung der für einen Hilfeempfänger aufgewendeten Kosten verpflichtet, so hat er auch die für den Ehegatten oder die minderjährigen Kinder des Hilfeempfängers aufgewendeten Kosten zu erstatten, wenn diese Personen später aus dem Ausland in den Geltungsbereich dieses Gesetzes übertreten und innerhalb eines Monats der Sozialhilfe bedürfen.

(5) Die Verpflichtung zur Erstattung der für einen Hilfeempfänger aufgewendeten Kosten fällt weg, wenn ihm inzwischen für einen zusammenhängenden Zeitraum von drei Monaten Sozialhilfe nicht zu gewähren war.

(6) Die Absätze 1 bis 5 gelten nicht für Personen, deren Unterbringung nach dem Übertritt aus dem Ausland bundesrechtlich oder durch Vereinbarung zwischen Bund und Ländern geregelt ist.

§ 109 Ausschluß des gewöhnlichen Aufenthalts

Als gewöhnlicher Aufenthalt im Sinne dieses Abschnitts gelten nicht der Aufenthalt eines Hilfeempfängers in einer Einrichtung der in § 103 Abs. 5 genannten Art sowie die Unterbringung in einer anderen Familie oder bei den in § 104 genannten anderen Personen.

§ 110 Übernahme der Hilfe

(1) Der Träger der Sozialhilfe, der die Hilfe gewährt, kann von dem kostenerstattungspflichtigen Träger verlangen, daß dieser die Gewährung der Hilfe in seinem Bereich übernimmt. Der kostenerstattungspflichtige Träger kann verlangen, daß die Hilfe von ihm in seinem Bereich gewährt wird. Der kostenerstattungspflichtige Träger hat die Kosten zu tragen, die durch den Wechsel des Aufenthaltsortes des Hilfeempfängers entstehen.

(2) Die Übernahme der Hilfe kann nicht verlangt werden, wenn der Hilfeempfänger dem Wechsel seines Aufenthaltsortes nicht zustimmt oder wenn sonst ein wichtiger Grund entgegensteht, besonders wenn der erstrebte Erfolg der Hilfe beeinträchtigt oder ihre Dauer wesentlich verlängert würde.

(3) Absatz 1 gilt nicht im Falle des § 106.

§ 111 Umfang der Kostenerstattung

(1) Die aufgewendeten Kosten sind zu erstatten, soweit die Hilfe diesem Gesetz entspricht. Dabei gelten die Grundsätze für die Gewährung von Sozialhilfe, die am Aufenthaltsort des Hilfeempfängers zur Zeit der Hilfegewährung bestehen.

(2) Kosten unter fünfzig Deutsche Mark sind nicht zu erstatten; dies gilt nicht in den Fällen des § 107 Abs. 1 und des § 108.

(3) Persönliche und sächliche Verwaltungskosten sind nicht zu erstatten.

§ 112 Frist zur Geltendmachung des Anspruchs auf Kostenerstattung

Will ein Träger der Sozialhilfe von einem anderen Träger Kostenerstattung verlangen, hat er ihm dies innerhalb von sechs Monaten nach der Entscheidung über die Gewährung der Hilfe mitzuteilen. Unterläßt er die Mitteilung innerhalb dieser Frist, kann er nur die Erstattung der Kosten verlangen, die in den sechs Monaten vor der Mitteilung entstanden sind und nachher entstehen. Kann er den erstattungspflichtigen Träger der Sozialhilfe trotz sorgfältiger Ermittlungen nicht feststellen, so wird die Frist nach Satz 1 gewahrt, wenn er vor ihrem Ablauf den Erstattungsanspruch bei der zuständigen Behörde anmeldet.

§ 113 Verjährung

Der Anspruch auf Erstattung der aufgewendeten Kosten verjährt in zwei Jahren vom Ablauf des Jahres an, in dem er entstanden ist. Die Bestimmungen des Bürgerlichen Gesetzbuches über die Unterbrechung und die Hemmung der Verjährung gelten entsprechend.

Abschnitt 10. Verfahrensbestimmungen

§ 114 Beteiligung sozial erfahrener Personen

(1) Vor dem Erlaß allgemeiner Verwaltungsvorschriften und der Festsetzung der Regelsätze sind sozial erfahrene Personen zu hören, besonders aus Vereinigungen, die Bedürftige betreuen, oder aus Vereinigungen von Sozialleistungsempfängern.

(2) Vor dem Erlaß des Bescheides über einen Widerspruch gegen die Ablehnung der Sozialhilfe oder gegen die Festsetzung ihrer Art und Höhe sind Personen, wie sie in Absatz 1 bezeichnet sind, beratend zu beteiligen.

§ 115 Pflichten des Hilfesuchenden und des Hilfeempfängers

(1) Der Hilfesuchende ist verpflichtet, bei der Feststellung seines Bedarfs mitzuwirken, soweit ihm dies zuzumuten ist.

(2) Der Hilfeempfänger hat Änderungen der Tatsachen, die für die Hilfe maßgebend sind, besonders Änderungen seiner Einkommens- und Vermögensverhältnisse, unverzüglich dem Träger der Sozialhilfe mitzuteilen. Ist der Hilfeempfänger geschäftsunfähig oder in der Geschäftsfähigkeit beschränkt, trifft die Verpflichtung nach Satz 1 den gesetzlichen Vertreter.

§ 116 Pflicht zur Auskunft

(1) Die Unterhaltspflichtigen und die Kostenersatzpflichtigen sind verpflichtet, dem Träger der Sozialhilfe über ihre Einkommens- und Vermögensverhältnisse Auskunft zu geben, soweit die Durchführung dieses Gesetzes es erfordert.

(2) Der Arbeitgeber ist verpflichtet, dem Träger der Sozialhilfe über die Art und Dauer der Beschäftigung, die Arbeitsstätte und den Arbeitsverdienst des bei ihm beschäftigten Hilfesuchenden oder Hilfeempfängers, Unterhaltspflichtigen oder Kostenersatzpflichtigen Auskunft zu geben, soweit die Durchführung dieses Gesetzes es erfordert.

(3) Für die Auskunftspflicht nach Absatz 1 und Absatz 2 gilt § 64 Abs. 3 entsprechend.

(4) Ordnungswidrig handelt, wer als Arbeitgeber vorsätzlich oder fahrlässig die Auskunft nach Absatz 2 nicht, unrichtig, unvollständig oder nicht fristgemäß erteilt. Die Ordnungswidrigkeit kann, wenn sie vorsätzlich begangen ist, mit einer Geldbuße bis zu eintausend Deutsche Mark, wenn sie fahrlässig begangen ist, mit einer Geldbuße bis zu fünfhundert Deutsche Mark geahndet werden.

§ 117 Amtshilfe

Auf Ersuchen der Träger der Sozialhilfe sind die anderen Verwaltungsbehörden und die Träger anderer Sozialleistungen verpflichtet, Amtshilfe zu leisten. Besonders haben die Finanzbehörden über die Einkommens- und Vermögensverhältnisse des Hilfesuchenden oder Hilfeempfängers, des Unterhaltspflichtigen und des Kostenersatzpflichtigen, die Träger anderer

Sozialleistungen über alle das Beschäftigungsverhältnis dieser Personen betreffenden Tatsachen Auskunft zu geben, soweit die Durchführung dieses Gesetzes es erfordert.

§ 118 Kostenfreiheit

(1) Geschäfte und Verhandlungen, die aus Anlaß der Beantragung, Gewährung oder des Ersatzes einer nach diesem Gesetz vorgesehenen Leistung nötig werden, sind kostenfrei; dies gilt auch für die in der Kostenordnung vom 26. Juli 1957 (Bundesgesetzbl. I S. 861, 960) bestimmten Gerichtskosten einschließlich der Beurkundungs- und Beglaubigungskosten.

(2) Absatz 1 gilt auch für gerichtliche Verfahren, auf die das Gesetz über die Angelegenheiten der freiwilligen Gerichtsbarkeit anzuwenden ist. Im Verfahren nach der Zivilprozeßordnung sowie in Verfahren vor Gerichten der Arbeits-, Sozial- und Finanzgerichtsbarkeit sind nur die Träger der Sozialhilfe von den Gerichtskosten befreit. § 188 Satz 2 der Verwaltungsgerichtsordnung bleibt unberührt.

Abschnitt 11. Sonstige Bestimmungen

§ 119 Sozialhilfe für Deutsche im Ausland

(1) Deutschen, die ihren gewöhnlichen Aufenthalt im Ausland haben und im Ausland der Hilfe bedürfen, soll, vorbehaltlich der Regelung in Absatz 2 Nr. 1, Hilfe zum Lebensunterhalt, Krankenhilfe und Hilfe für werdende Mütter und Wöchnerinnen gewährt werden. Sonstige Sozialhilfe kann ihnen gewährt werden, wenn die besondere Lage des Einzelfalles dies rechtfertigt.

(2) Soweit es im Einzelfall der Billigkeit entspricht, kann folgenden Personen, die ihren gewöhnlichen Aufenthalt im Ausland haben und im Ausland der Hilfe bedürfen, Sozialhilfe gewährt werden:
1. Deutschen, die gleichzeitig die Staatsangehörigkeit ihres Aufenthaltsstaates besitzen, wenn auch ihr Vater oder ihre Mutter die Staatsangehörigkeit dieses Staates besitzt oder besessen hat, sowie ihren Abkömmlingen,
2. Familienangehörigen von Deutschen, wenn sie mit diesen in Haushaltsgemeinschaft leben,
3. ehemaligen Deutschen, zu deren Übernahme die Bundesrepublik Deutschland auf Grund zwischenstaatlicher Abkommen verpflichtet wäre, sowie ihren Familienangehörigen.

(3) Hilfe wird nicht gewährt, soweit sie von dem hierzu verpflichteten Aufenthaltsland oder von anderen gewährt wird oder zu erwarten ist. Hilfe wird ferner nicht gewährt, wenn die Heimführung des Hilfesuchenden geboten ist.

(4) Art, Form und Maß der Hilfe sowie der Einsatz des Einkommens und des Vermögens richten sich nach den besonderen Verhältnissen im Aufenthaltsland unter Berücksichtigung der notwendigen Lebensbedürfnisse eines dort lebenden Deutschen.

(5) Für die Gewährung der Hilfe sachlich zuständig ist der überörtliche Träger der Sozialhilfe. Örtlich zuständig ist der Träger, in dessen Bereich der Hilfesuchende geboren ist; § 108 Abs. 2 und 3 gilt entsprechend; die nach § 108 Abs. 3 begründete Zuständigkeit bleibt bestehen, solange noch eine der dort genannten Personen der Sozialhilfe bedarf.

(6) Die Träger der Sozialhilfe arbeiten mit den deutschen Dienststellen im Ausland zusammen.

§ 120 Sozialhilfe für Ausländer und Staatenlose

(1) Personen, die nicht Deutsche im Sinne des Artikels 116 Abs. 1 des Grundgesetzes sind und die sich im Geltungsbereich dieses Gesetzes tatsächlich aufhalten, ist Hilfe zum Lebensunterhalt, Krankenhilfe, Hilfe für werdende Mütter und Wöchnerinnen, Tuberkulosehilfe und Hilfe zur Pflege nach diesem Gesetz zu gewähren; wer sich in den Geltungsbereich dieses Gesetzes begeben hat, um Sozialhilfe zu erlangen, hat keinen Anspruch. Im übrigen kann Sozialhilfe gewährt werden, soweit dies im Einzelfall gerechtfertigt ist. Rechtsvorschriften, nach denen außer den in Satz 1 genannten Leistungen auch sonstige Sozialhilfe zu gewähren ist oder gewährt werden soll, bleiben unberührt.

(2) Der Bundesminister des Innern kann durch Rechtsverordnung mit Zustimmung des Bundesrates bestimmen, daß außer den in Absatz 1 Satz 1 genannten Leistungen auch sonstige Sozialhilfe zu gewähren ist oder gewährt werden soll.

§ 121 Erstattung von Aufwendungen anderer

Hat jemand in einem Eilfall einem anderen Hilfe gewährt, die der Träger der Sozialhilfe bei rechtzeitiger Kenntnis nach diesem Gesetz gewährt haben würde, sind ihm auf Antrag die Aufwendungen in gebotenem Umfange zu erstatten, wenn er sie nicht auf Grund rechtlicher oder sittlicher Pflicht selbst zu tragen hat. Dies gilt nur, wenn er den Antrag innerhalb angemessener Frist stellt.

§ 122 Eheähnliche Gemeinschaft

Personen, die in eheähnlicher Gemeinschaft leben, dürfen hinsichtlich der Voraussetzungen sowie des Umfanges der Sozialhilfe nicht besser gestellt werden als Ehegatten. § 16 gilt entsprechend.

Abschnitt 12

Sonderbestimmungen für Personen mit körperlicher Behinderung

§ 123 Allgemeines

Bis zu einer anderweitigen gesetzlichen Regelung gelten zur Sicherung wirksamer ärztlicher Maßnahmen für Personen mit körperlicher Behinderung oder drohender körperlicher Behinderung die §§ 124 bis 126. Sie gelten nicht für Personen, die wegen ihrer Behinderung als Unfallverletzte nach den Bestimmungen der gesetzlichen Unfallversicherung oder als Beschädigte nach dem Bundesversorgungsgesetz oder nach Gesetzen, die das Bundesversorgungsgesetz für anwendbar erklären, Entschädigungsleistungen erhalten.

§ 124 Einleitung ärztlicher Maßnahmen

(1) Für Personen,
1. die in ihrer Bewegungsfähigkeit durch eine Beeinträchtigung ihres Stütz- oder Bewegungssystems nicht nur vorübergehend wesentlich behindert oder von einer solchen Behinderung bedroht sind,
2. bei denen Spaltbildungen des Gesichts oder des Rumpfes bestehen,
3. die blind oder von Blindheit bedroht sind,

4. die durch eine Beeinträchtigung der Hörfähigkeit nicht nur vorübergehend wesentlich behindert sind oder

5. die durch eine Beeinträchtigung der Sprachfähigkeit nicht nur vorübergehend wesentlich behindert sind,

gelten die Absätze 2 bis 4.

(2) Ist der Behinderte oder von Behinderung Bedrohte geschäftsunfähig oder in der Geschäftsfähigkeit beschränkt, so haben Hebammen und andere Medizinalpersonen, Lehrer, Sozialarbeiter (Wohlfahrtspfleger), Kindergärtnerinnen und Hortnerinnen, die bei Ausübung ihres Berufs eine Behinderung oder eine drohende Behinderung nach Absatz 1 wahrnehmen, den Personensorgeberechtigten unter Hinweis auf seine Pflichten anzuhalten, den Behinderten oder von Behinderung Bedrohten einem Arzt vorzustellen. Lehnt der Personensorgeberechtigte dies ab, so haben die in Satz 1 genannten Personen das Gesundheitsamt zu benachrichtigen.

(3) Ärzte haben die Aufgabe,

1. die in Absatz 1 genannten Personen über die Notwendigkeit oder Möglichkeit einer ärztlichen Behandlung aufzuklären,

2. sie durch Aushändigung eines amtlichen Merkblattes über die gesetzlichen Hilfemöglichkeiten zu unterrichten.

(4) Ist der Behinderte oder von Behinderung Bedrohte geschäftsunfähig oder in der Geschäftsfähigkeit beschränkt, haben die Ärzte die Aufgabe nach Absatz 3 gegenüber dem Personensorgeberechtigten. Lehnt dieser es ab, den Behinderten oder von Behinderung Bedrohten einer notwendigen Behandlung zuzuführen, oder vernachlässigt er die Behandlung, haben die Ärzte auch ohne sein Einvernehmen das Recht, das Gesundheitsamt zu benachrichtigen.

§ 125 Landesarzt

(1) In jedem Land ist mindestens ein Landesarzt zu bestellen, der über besondere Erfahrungen in der Hilfe für Personen mit körperlicher Behinderung verfügt.

(2) Dem Landesarzt obliegen vor allem folgende Aufgaben:

1. Einrichtung von Sprechtagen zur ärztlichen Beratung Behinderter oder von Behinderung Bedrohter und Beteiligung an den Sprechtagen,

2. Erstattung von Gutachten für die Landesbehörden, die für das Gesundheitswesen und die Sozialhilfe zuständig sind, sowie für die Träger der Sozialhilfe,

3. regelmäßige Unterrichtung der für das Gesundheitswesen zuständigen Landesbehörden über den Erfolg der Erfassungs-, Vorbeugungs- und Bekämpfungsmaßnahmen in der Hilfe für Behinderte.

§ 126 Aufgaben des Gesundheitsamtes

Dem Gesundheitsamt obliegen folgende Aufgaben:

1. ärztliche Beratung von Personen mit körperlicher Behinderung oder drohender körperlicher Behinderung, auch während und nach der Durchführung von Heil- und Eingliederungsmaßnahmen; hierfür sind die erforderlichen Sprechtage durchzuführen,

2. Benachrichtigung des Trägers der Sozialhilfe oder des Trägers anderer Sozialleistungen zur Einleitung der erforderlichen Maßnahmen,

3. Einleitung unaufschiebbarer ambulanter oder stationärer ärztlicher Maßnahmen im Benehmen mit dem Träger der Sozialhilfe oder einem anderen zuständigen Träger, bei schon in ärztlicher Behandlung stehenden Personen auch im Zusammenwirken mit dem behandelnden Arzt,
4. Führung einer Kartei der betreuten Personen zur wissenschaftlichen Auswertung.

Abschnitt 13. Tuberkulosebekämpfung außerhalb der Sozialhilfe

Unterabschnitt 1. Sonderbestimmungen für Träger der Tuberkulosehilfe, die nicht Träger der Sozialhilfe sind

§ 127 Öffentlicher Dienst

(1) Tuberkulosehilfe ist zu gewähren
1. Personen, die im Dienst des Bundes oder einer bundesunmittelbaren Körperschaft, Anstalt oder Stiftung des öffentlichen Rechts stehen, auch wenn sie im Ausland verwendet werden, von dem Dienstherrn,
2. Versorgungsempfängern des öffentlichen Dienstes, deren Versorgungsbezüge der Bund oder eine bundesunmittelbare Körperschaft, Anstalt oder Stiftung des öffentlichen Rechts trägt, von dem Träger der Versorgungslast.

Die Tuberkulosehilfe ist auch für den Ehegatten und für die kinderzuschlagberechtigten Kinder zu gewähren, wenn diese nicht selbst einen Anspruch auf Tuberkulosehilfe gegen einen in Satz 1 bezeichneten Leistungsträger haben. Kommen für einen Kranken oder Genesenen (Satz 1 oder 2) mehrere Leistungsträger nach Satz 1 oder ein Leistungsträger nach Satz 1 und ein Leistungsträger nach einer entsprechenden Landesregelung (Absatz 6) in Betracht, so richtet sich der Anspruch gegen denjenigen Dienstherrn oder Träger der Versorgungslast, der die höheren Dienst- oder Versorgungsbezüge zahlt.

(2) Deutschen, die bei einer Dienststelle des Bundes, einer bundesunmittelbaren Körperschaft, Anstalt oder Stiftung des öffentlichen Rechts im Ausland als Ortskräfte beschäftigt werden, kann der Dienstherr Tuberkulosehilfe gewähren. Das gleiche gilt für den Ehegatten und die kinderzuschlagberechtigten Kinder, wenn die Voraussetzungen des Absatzes 1 Satz 2 vorliegen.

(3) Die Absätze 1 und 2 gelten nicht für
1. Ehrenbeamte und Beamte, die ein ihre Arbeitskraft nur nebenbei beanspruchendes Amt bekleiden oder vorübergehend für nicht länger als ein Jahr verwendet werden,
2. andere Personen, die für weniger als die Hälfte der regelmäßigen wöchentlichen Arbeitszeit oder aushilfsweise beschäftigt werden,
3. Personen, die auf Grund der Wehrpflicht Wehrdienst oder zivilen Ersatzdienst leisten, sowie Dienstpflichtige, die im Zivilschutzkorps Dienst leisten,
4. Versorgungsempfänger, die ausschließlich Beschädigtenversorgung nach dem Dritten Teil des Soldatenversorgungsgesetzes oder ausschließlich Übergangsgeld, Abfindungsrente, Übergangsbeihilfe oder Übergangsgebührnisse erhalten, es sei denn, daß der Dienstherr gleichzeitig Berufsförderung gewährt; dies gilt auch, wenn mehrere dieser Leistungen nebeneinander gewährt werden.

(4) § 2 Abs. 1 und Abs. 2 Satz 1, § 3 Abs. 2, die §§ 4, 48 bis 51, 53 bis 58, 61, 63, 64, 76 bis 91 und 95 Abs. 2 Satz 1 und 2 gelten entsprechend. Bei der Anwendung der in Satz 1 genannten Bestimmungen auf die Personen, die im Ausland verwendet oder als Ortskräfte beschäftigt werden, sind die besonderen Verhältnisse im Aufenthaltsland und die notwendigen Lebensbedürfnisse eines dort lebenden Deutschen zu berücksichtigen; die wegen einer Verwendung im Ausland gewährten Bezüge sind, soweit sie die Bezüge eines entsprechenden Bediensteten im Inland übersteigen, bei der Anwendung der §§ 79 bis 85 nicht zu berücksichtigen. Die Bundesregierung kann durch Rechtsverordnung mit Zustimmung des Bundesrates nähere Vorschriften über die Berücksichtigung von Einkommen und Vermögen nach Abschnitt 4 erlassen.

(5) Ist die Erkrankung auf einen Dienst- oder Arbeitsunfall zurückzuführen oder ist der Dienstherr zur freien Heilfürsorge verpflichtet, so gelten neben den hierfür maßgebenden Vorschriften die Bestimmungen der Absätze 1 bis 4 nur, soweit sie weitergehende Ansprüche gewähren.

(6) Die Länder sind verpflichtet, die Tuberkulosehilfe für

1. die in ihrem Dienst, im Dienst der Gemeinden und der Gemeindeverbände sowie sonstiger unter der Aufsicht der Länder stehender Körperschaften, Anstalten und Stiftungen des öffentlichen Rechts stehenden Personen,

2. die Versorgungsempfänger des öffentlichen Dienstes, deren Versorgungsbezüge ein Land, eine Gemeinde, ein Gemeindeverband oder eine sonstige unter der Aufsicht des Landes stehende Körperschaft, Anstalt oder Stiftung des öffentlichen Rechts trägt,

sowie für die Ehegatten und für die kinderzuschlagberechtigten Kinder dieser Personen durch den Dienstherrn oder den Träger der Versorgungslast unter Berücksichtigung der Grundsätze der Absätze 1 bis 5 zu regeln.

(7) Die Länder können Bestimmungen erlassen über die Aufbringung der Kosten, die den Gemeinden, den Gemeindeverbänden und sonstigen unter ihrer Aufsicht stehenden Körperschaften, Anstalten und Stiftungen des öffentlichen Rechts entstehen.

§ 128 Wechsel der Zuständigkeit

(1) In den Fällen des § 127 gilt § 60 vorbehaltlich der Regelung des Absatzes 2 entsprechend.

(2) Mit dem Wechsel des Dienstherrn oder des Trägers der Versorgungslast geht die Zuständigkeit auf den neuen Dienstherrn oder Träger der Versorgungslast über. Bei Beendigung des Dienstverhältnisses bleibt die bisherige Zuständigkeit bis zur Beendigung der Heilbehandlung, jedoch nicht über den Ablauf des dritten Monats hinaus bestehen, der auf die Entlassung aus der stationären Behandlung folgt; sie bleibt über diesen Zeitpunkt hinaus bis zur Beendigung der Maßnahmen zur Eingliederung in das Arbeitsleben im Sinne des § 40 Abs. 1 Nr. 4 oder 5 bestehen, wenn der Dienstherr auf Grund anderer gesetzlicher Vorschriften zur Gewährung von Berufsförderungsmaßnahmen verpflichtet ist oder während der Dienstzeit verpflichtet war.

§ 129 Deutsche Bundesbahn

Die Deutsche Bundesbahn ist über die Verpflichtung nach § 127 hinaus ermächtigt, die in § 48 Abs. 2 bezeichneten Leistungen den Betriebsangehörigen und ehemaligen Betriebsangehörigen mit Versorgungsbezügen der Deutschen Bundesbahn oder ihrer Versicherungsträger sowie deren Familienangehörigen zu gewähren. Dies gilt nicht, soweit die erforderliche Hilfe anderweitig, bei Versicherten oder Rentnern durch einen anderen Träger der Sozialversicherung als die Bundesbahnversicherungsanstalt, gesetzlich sichergestellt ist.

§ 130 Anstaltspflege

(1) Ist ein Tuberkulosekranker wegen Geisteskrankheit, Geistesschwäche, Epilepsie oder Suchtkrankheit auf öffentliche Kosten in Anstaltspflege untergebracht, so ist ihm während der Unterbringung auch Heilbehandlung von dem für diese Unterbringung zuständigen Kostenträger zu gewähren.

(2) § 3 Abs. 2 und die §§ 4, 49 und 64 gelten entsprechend.

§ 131 Haftvollzug

(1) Für die Zeit, in der sich ein Tuberkulosekranker in Untersuchungshaft befindet, eine Freiheitsstrafe verbüßt oder auf Grund einer Maßregel der Sicherung und Besserung untergebracht ist, ist ihm auch Heilbehandlung von der Vollzugsbehörde zu gewähren.

(2) Die §§ 4, 49 und 64 gelten entsprechend.

Unterabschnitt 2.

Sonderbestimmungen für sonstige zur Tuberkulosebekämpfung verpflichtete Stellen

§ 132 Anwendungsbereich

Für die Träger der Sozialversicherung, die Träger der Kriegsopferversorgung sowie der Versorgung, die nach dem Bundesversorgungsgesetz durchgeführt wird, für die Träger der Leistungen nach dem Unterhaltssicherungsgesetz, für die Bundesanstalt für Arbeitsvermittlung und Arbeitslosenversicherung und für die Gesundheitsämter gelten bis zu einer anderweitigen gesetzlichen Regelung die §§ 133 bis 138.

§ 133 Beteiligung des Gesundheitsamtes

Für die Beteiligung des Gesundheitsamtes gilt § 63 entsprechend; abweichend von Absatz 1 Satz 1 können Anträge auf Leistungen bei dem Gesundheitsamt oder bei der Gemeinde, in welcher der Berechtigte seinen gewöhnlichen Aufenthalt hat, gestellt werden.

§ 134 Arbeitsgemeinschaften

Für die Bildung von Arbeitsgemeinschaften durch die in § 132 genannten Stellen mit anderen gesetzlich verpflichteten Leistungsträgern gilt § 95 Abs. 2 Satz 1 und 2 entsprechend.

§ 135 Weiterbestehen der Zuständigkeit

(1) Ändern sich nach der Feststellung der Behandlungsbedürftigkeit durch einen amtlich bestellten Arzt die Umstände, welche die sachliche Zuständigkeit eines in § 132 genannten Leistungsträgers begründet haben, so bleibt seine Zuständigkeit bis zur Beendigung der Heilbehandlung bestehen. Dies gilt jedoch bei Familienangehörigen der in § 127 Absatz 3 Nr. 3 genannten Personen nur bis zur Beendigung des Dienstverhältnisses, im übrigen nicht über den Ablauf des dritten Monats hinaus, der auf die Entlassung aus der stationären Behandlung folgt.

(2) Unberührt bleiben die Bestimmungen über die zeitliche Begrenzung der Leistungspflicht in der gesetzlichen Krankenversicherung.

§ 136 Beratung, Aufklärung, Weisungen

(1) Die in § 132 genannten Leistungsträger sowie die Gesundheitsämter haben den Kranken oder Genesenen und seine Familienangehörigen zu beraten und in geeigneter Weise aufzuklären, wie die Heilung gefördert und gesichert, die Pflege durchgeführt und die Ansteckung vermieden werden kann. Falls erforderlich, können die Leistungsträger oder die Gesundheitsämter den in Satz 1 genannten Personen Weisungen erteilen; der Kranke darf jedoch nicht verpflichtet werden, sich einer Behandlung, die mit einer erheblichen Gefahr für Leben und Gesundheit verbunden ist, oder einer Operation, die einen erheblichen Eingriff in die körperliche Unversehrtheit bedeutet, zu unterziehen. § 3 Abs. 2 gilt entsprechend.

(2) Die in Absatz 1 Satz 1 genannten Personen sind verpflichtet, den in § 132 bezeichneten Stellen die zur Bekämpfung der Tuberkulose erforderlichen Auskünfte zu geben und ihren Weisungen zu folgen. Verstößt der Kranke, der Genesene oder ein Familienangehöriger in grober Weise oder beharrlich gegen die Weisung eines Trägers der Sozialversicherung oder gefährdet er vorsätzlich oder grobfahrlässig andere Personen, den Erfolg der Heilbehandlung oder einer Eingliederungsmaßnahme, so kann der Träger der Sozialversicherung Barleistungen mit Ausnahme von Renten ganz oder teilweise versagen, solange der Kranke, der Genesene oder der Familienangehörige trotz schriftlichen Hinweises auf diese Folgen sein Verhalten fortsetzt; für die Versagung von Renten gelten die Vorschriften der Sozialversicherung.

(3) Für die Auskunftspflicht nach Absatz 2 gilt § 64 Abs. 3 entsprechend.

(4) Im übrigen bleiben die Vorschriften, welche die Träger der gesetzlichen Rentenversicherungen für die Maßnahmen zur Erhaltung, Besserung und Wiederherstellung der Erwerbsfähigkeit erlassen, unberührt.

§ 137 Einzelweisungen der Bundesregierung

Die Bundesregierung kann in Fällen von grundsätzlicher oder erheblicher finanzieller Bedeutung für die Gewährung von Leistungen in den Fällen der stationären Dauerbehandlung nach § 1244 a der Reichsversicherungsordnung, des § 21 a des Angestelltenversicherungsgesetzes und des § 43 a des Reichsknappschaftsgesetzes Einzelweisungen erteilen.

§ 138 Kostentragung durch den Bund

(1) Der Bund trägt die Aufwendungen, die den Trägern der gesetzlichen Rentenversicherungen durch die Gewährung der stationären Dauerbehandlung in den Fällen des § 1244a der Reichsversicherungsordnung, des § 21a des Angestelltenversicherungsgesetzes und des § 43a des Reichsknappschaftsgesetzes entstehen. Persönliche und sächliche Verwaltungskosten bleiben hierbei außer Ansatz. Der knappschaftlichen Rentenversicherung werden die Aufwendungen vom Bund im Rahmen des § 128 des Reichsknappschaftsgesetzes erstattet.

(2) Auf Antrag einer Berufsgenossenschaft erstattet der Bund die Aufwendungen, die der Berufsgenossenschaft durch die Gewährung stationärer Dauerbehandlung wegen Tuberkulose entstehen, soweit sie die Aufwendungen übersteigen, die die Berufsgenossenschaft bei einer Behandlung außerhalb der Heilanstalt zu erbringen hätte. Absatz 1 Satz 2 findet Anwendung. Der Antrag auf Erstattung der Aufwendungen eines Rechnungsjahres ist spätestens am 30. Juni des folgenden Jahres zu stellen.

(3) § 66 Abs. 2 findet Anwendung.

Abschnitt 14. Übergangs- und Schlußbestimmungen

§ 139 Bestimmungen und Bezeichnungen in anderen Vorschriften

(1) Soweit in anderen Vorschriften auf Bestimmungen verwiesen wird oder Bezeichnungen verwendet werden, die durch dieses Gesetz aufgehoben oder geändert werden, treten an ihre Stelle die entsprechenden Bestimmungen und Bezeichnungen dieses Gesetzes.

(2) Soweit nach anderen Vorschriften die Fürsorgeverbände Aufgaben durchzuführen haben, treten an ihre Stelle die Träger der Sozialhilfe.

§ 140 Ersatzansprüche der Träger der Sozialhilfe nach sonstigen Vorschriften

Bestimmt sich das Recht des Trägers der Sozialhilfe, Ersatz seiner Aufwendungen von einem anderen zu verlangen, gegen den der Empfänger von Sozialhilfe einen Anspruch hat, nach sonstigen gesetzlichen Vorschriften, die dem § 90 vorgehen, so gelten als Aufwendungen außer den Kosten der Hilfe für denjenigen, der den Anspruch gegen den anderen hat, auch die Kosten der gleichzeitig mit dieser Hilfe seinem nicht getrennt lebenden Ehegatten und seinen minderjährigen unverheirateten Kindern gewährten Hilfe zum Lebensunterhalt.

§ 141 Übergangsregelung für laufende Leistungen

Werden in Einzelfällen bei Inkrafttreten dieses Gesetzes laufende Leistungen der öffentlichen Fürsorge oder der Tuberkulosehilfe gewährt, die höher sind als die nach diesem Gesetz zu gewährenden Leistungen, darf die Sozialhilfe bis zum Ablauf eines Jahres nach dem Inkrafttreten dieses Gesetzes nicht geringer sein als die Leistungen, die bei Fortgeltung des bisherigen Rechts gewährt würden.

§ 142 Übergangsregelung für das Verfahren nach § 23 der Fürsorgepflichtverordnung

Hat bei Inkrafttreten dieses Gesetzes die Verwaltungsbehörde nach § 23 Abs. 2 der Verordnung über die Fürsorgepflicht die Unterhaltspflicht im Verwaltungswege festgestellt, so regelt sich das weitere Verfahren bis zu seinem Abschluß nach bisherigem Recht.

§ 143 Übergangsregelung für die örtliche Zuständigkeit in der Tuberkulosehilfe

Wird bei Inkrafttreten dieses Gesetzes einem Tuberkulosekranken durch einen Träger der Sozialhilfe stationäre Behandlung gewährt, so bleibt die in diesem Zeitpunkt begründete örtliche Zuständigkeit des Trägers der Sozialhilfe bis zur Beendigung der Heilbehandlung bestehen, jedoch nicht über den Ablauf des dritten Monats hinaus, der auf die Entlassung aus der stationären Behandlung folgt.

§ 144 Übergangsregelung für die Kostenerstattung

Auf die Kostenerstattung zwischen den Trägern der Sozialhilfe sind die bei Inkrafttreten dieses Gesetzes geltenden Regelungen weiter anzuwenden
1. bei allen Leistungen, die für eine vor dem Inkrafttreten dieses Gesetzes liegende Zeit gewährt worden sind,
2. in den Fällen, in denen vor Inkrafttreten dieses Gesetzes die Pflicht zur Kostenerstattung durch Anerkennung oder rechtskräftige Entscheidung festgestellt worden ist.

§ 145 Kostenerstattung bei Evakuierten

Wird ein Evakuierter im Sinne des § 1 des Bundesevakuiertengesetzes in der Fassung vom 5. Oktober 1957 (Bundesgesetzbl. I S. 1687) an den Ausgangsort rückgeführt oder kehrt er an den Ausgangsort zurück, wird hierdurch eine Kostenerstattungspflicht nach den §§ 103 bis 105 nicht begründet.

§ 146 Zuständigkeit auf Grund der deutsch-schweizerischen Fürsorgevereinbarung

Die in der Erklärung der Bevollmächtigten der Regierung der Bundesrepublik zum Schlußprotokoll zur Vereinbarung zwischen der Bundesrepublik Deutschland und der Schweizerischen Eidgenossenschaft über die Fürsorge für Hilfsbedürftige vom 14. Juli 1952 (Bundesgesetzbl. 1953 II S. 31) genannten deutschen Fürsorgestellen sind die überörtlichen Träger der Sozialhilfe, die für die Gewährung von Sozialhilfe für Deutsche im Ausland nach § 119 Abs. 5 örtlich zuständig wären.

§ 147 Übergangsregelung bei Nichtbestehen der Schiedsstelle

Solange die Schiedsstelle nach § 108 Abs. 2 nicht gebildet ist, nimmt der Bundesminister des Innern oder die von ihm beauftragte Stelle die Aufgaben der Schiedsstelle wahr.

§ 148 Änderung des Bundesvertriebenengesetzes.

§ 91 des Gesetzes über die Angelegenheiten der Vertriebenen und Flüchtlinge in der Fassung vom 14. August 1957 (Bundesgesetzbl. I S. 1215) erhält folgende Fassung:

„§ 91 Ersatz von Kosten der Sozialhilfe

(1) Vertriebene und Sowjetzonenflüchtlinge sind nicht verpflichtet, die Kosten der Sozialhilfe nach § 92 Abs. 3 des Bundessozialhilfegesetzes vom 30. Juni 1961 (Bundesgesetzbl. I S. 815) zu ersetzen.

(2) Ein nach bürgerlichem Recht unterhaltspflichtiger Vertriebener oder Sowjetzonenflüchtling ist, soweit es sich um eine Person handelt, auf die sich die Vorschrift des § 1603 Abs. 1 des Bürgerlichen Gesetzbuches bezieht, nach den §§ 90 und 91 des Bundessozialhilfegesetzes in der Regel nicht in Anspruch zu nehmen."

§ 149 Änderung des Bundesevakuiertengesetzes.

§ 19 des Bundesevakuiertengesetzes in der Fassung vom 5. Oktober 1957 (Bundesgesetzbl. I S. 1687) erhält folgende Fassung:

„§ 19 Ersatz von Kosten der Sozialhilfe

(1) Evakuierte sind nicht verpflichtet, die Kosten der Sozialhilfe nach § 92 Abs. 3 des Bundessozialhilfegesetzes vom 30. Juni 1961 (Bundesgesetzbl. I S. 815) zu ersetzen.

(2) Ein nach bürgerlichem Recht unterhaltspflichtiger Evakuierter ist, soweit es sich um eine Person handelt, auf die sich die Vorschrift des § 1603 Abs. 1 des Bürgerlichen Gesetzbuches bezieht, nach den §§ 90 und 91 des Bundessozialhilfegesetzes in der Regel nicht in Anspruch zu nehmen."

§ 150 Änderung der Kostenordnung und des Gesetzes über die Kosten der Gerichtsvollzieher.

(1) § 144 Abs. 2 der Kostenordnung vom 26. Juli 1957 (Bundesgesetzbl. I S. 861, 960) erhält folgende Fassung:

„(2) Die in § 118 Abs. 1 des Bundessozialhilfegesetzes vom 30. Juni 1961 (Bundesgesetzbl. I S. 815) bestimmte Gebührenfreiheit gilt auch für den Notar, wenn die Notare am Ort der Amtshandlung für das Amtsgeschäft ausschließlich zuständig sind."

(2) § 8 Abs. 2 Satz 1 des Gesetzes über Kosten der Gerichtsvollzieher vom 26. Juli 1957 (Bundesgesetzbl. I S. 861, 887) erhält folgende Fassung:

„Bei der Durchführung des Bundessozialhilfegesetzes vom 30. Juni 1961 (Bundesgesetzbl. I S. 815) sind die Träger der Sozialhilfe von den Gebühren befreit."

§ 151 Behördenbestimmung und Stadtstaaten-Klausel

(1) Welche Stellen zuständige Behörden im Sinne dieses Gesetzes sind, bestimmt, soweit eine landesrechtliche Regelung nicht besteht, die Landesregierung.

(2) Die Senate der Länder Berlin, Bremen und Hamburg werden ermächtigt, die Vorschriften dieses Gesetzes über die Zuständigkeit von Behörden dem besonderen Verwaltungsaufbau ihrer Länder anzupassen.

§ 152 Berlin-Klausel

Dieses Gesetz gilt nach Maßgabe des § 13 Abs. 1 des Dritten Überleitungsgesetzes vom 4. Januar 1952 (Bundesgesetzbl. I S. 1) auch im Land Berlin. Rechtsverordnungen, die auf Grund dieses Gesetzes erlassen werden, gelten im Land Berlin nach § 14 des Dritten Überleitungsgesetzes.

§ 153 Inkrafttreten

(1) Dieses Gesetz tritt am ersten Tage des auf die Verkündung folgenden elften Kalendermonats in Kraft.

(2) Mit dem Inkrafttreten dieses Gesetzes treten alle entgegenstehenden Vorschriften außer Kraft, besonders

1. die §§ 4 bis 6 des Gesetzes über die Freizügigkeit vom 1. November 1867 (Bundesgesetzbl. S. 55), zuletzt geändert durch die Verordnung des Reichspräsidenten vom 5. Juni 1931 (Reichsgesetzbl. I S. 279, 308),

2. die Verordnung über die Fürsorgepflicht vom 13. Februar 1924 (Reichsgesetzbl. I S. 100), zuletzt geändert durch das Gesetz über die Fürsorge für Körperbehinderte und von einer Körperbehinderung bedrohte Personen vom 27. Februar 1957 (Bundesgesetzbl. I S. 147),

3. die Reichsgrundsätze über Voraussetzung, Art und Maß der öffentlichen Fürsorge vom 4. Dezember 1924 (Reichsgesetzbl. I S. 765), zuletzt geändert durch das Gesetz zur Änderung der Reichsgrundsätze über Voraussetzung, Art und Maß der öffentlichen Fürsorge vom 4. Juli 1957 (Bundesgesetzbl. I S. 693), *vorbehaltlich der Regelung des Absatzes 4,*

4. das Gesetz über die Fürsorge für Körperbehinderte und von einer Körperbehinderung bedrohte Personen vom 27. Februar 1957 (Bundesgesetzbl. I S. 147), zuletzt geändert durch das Gesetz über die Tuberkulosehilfe vom 23. Juli 1959 (Bundesgesetzbl. I S. 513, 523),

5. das Gesetz über die Tuberkulosehilfe vom 23. Juli 1959 (Bundesgesetzbl. I S. 513), zuletzt geändert durch das Gesetz zur Änderung sozialrechtlicher Vorschriften vom 25. April 1961 (Bundesgesetzbl. I S. 465),

6. die Dritte Verordnung zur Vereinfachung des Fürsorgerechts vom 11. Mai 1943 (Reichsgesetzbl. I S. 301),

7. die Vierte Verordnung zur Vereinfachung des Fürsorgerechts vom 9. November 1944 (Reichsgesetzbl. I S. 323),

8. die Verordnung über den Ersatz von Fürsorgekosten vom 30. Januar 1951 Bundesgesetzbl. I S. 154),

9. die Verordnung über die Hilfe zur Erwerbsbefähigung und Berufsausbildung in der öffentlichen Fürsorge vom 20. Dezember 1956 (Bundesgesetzbl. I S. 1009).

(3) Absatz 2 gilt nicht für das saarländische Gesetz Nr. 354 über die Gewährung einer staatlichen Sozialrentnerhilfe vom 7. November 1952 (Amtsblatt des Saarlandes 1953 S. 141), zuletzt geändert durch das Gesetz Nr. 427 vom 7. Juli 1954 (Amtsblatt des Saarlandes S. 834).

(4) *(aufgehoben).*

Stichwortverzeichnis

zum Bundessozialhilfegesetz

(Die Zahlen verweisen auf die Paragraphen des ab Seite 66 wiedergegebenen Gesetzestextes)

A

Alte Menschen
 Mehrbedarf bei Hilfe zum Lebensunterhalt 23 I
 Erholungsmaßnahmen für — 36 II
Altenhilfe 75
Alterssicherung
 bei Hilfe zum Lebensunterhalt 14
 bei Einsatz des Vermögens 88 III
ambulante ärztliche Behandlung
 bei Krankenhilfe 37
 bei Eingliederungshilfe 40
 bei Tuberkulosehilfe 49
Amtshilfe 117
Anfechtungsklage, keine aufschiebende Wirkung
 bei Überleitung von Ansprüchen 90 III
Anspruch auf Sozialhilfe 4 I
 — nicht pfändbar, nicht übertragbar 4 I
Anzeigepflicht von Hebammen, Lehrern, Sozialarbeitern, Ärzten und Kindergärtnerinnen bei Körperbehinderung 124 II
Arbeit
 Pflicht zur Arbeit 18 I
 Zumutbarkeit 18 III
 gemeinnützige — 19 I
 Gewöhnung an — 20
 Prüfung der Arbeitsbereitschaft 20
 Arbeitsverweigerung bei Hilfe zum Lebensunterhalt 25 I, 26

Arbeitsverweigerung bei Blindenhilfe 67 IV
Aufgabe der Arbeitsstelle 25 II
Arbeitsscheu 25, 26
Arbeitgeber, Auskunftspflicht 116 II
Art der Sozialhilfe 3 I, 27
Arztwahl, freie 37
Aufbau der Lebensgrundlage, Hilfe zum — 30
Aufenthalt
 tatsächlicher — bei örtlicher Zuständigkeit 97, 98
 gewöhnlicher — bei Kostenerstattung 103 ff.
Aufwendungen anderer für Hilfesuchenden, Erstattung durch Sozialhilfeträger 121
Ausbildungshilfe 31 ff.
Auskunftspflicht
 des Hilfesuchenden 64 II, 115
 des Unterhaltspflichtigen 116 I
 des Kostenersatzpflichtigen 116 I
 des Arbeitgebers 116 II
 der Finanzbehörden 117
Ausland, Hilfe für Deutsche im — 119
Ausländer, Hilfe für — 120

B

Barbeträge bei Einsatz des Vermögens 88 II Ziff. 8
Beerdigungskosten 15, 100 II
Beglaubigungen, Kostenfreiheit 118

Behinderte, Eingliederungshilfe
für — 39 ff.
Anzeigepflicht von Hebammen usw.
124 II

Behördenbestimmung durch Landesregierungen 151

Bekenntnis bei Unterbringung in Einrichtungen 3 III

Beratung des Hilfesuchenden
als besondere Art der Sozialhilfe 8 II
bei der Tuberkulosehilfe 64, 136
von Behinderten 124, 125

Berufsausbildung
bei der Ausbildungshilfe 31 ff.
für Behinderte 40
für Tuberkulosekranke 50
während der Unterbringung in einer Arbeitseinrichtung 26

Bestattungskosten 15, 100 II

Besuchsbeihilfen
bei Eingliederungshilfe 40 III
bei Tuberkulosehilfe 56 II

Beurkundungen, Kostenfreiheit
— bei Gerichten 118
— bei Notaren 150

Blinde
Begriff der Blindheit 24 II
Mehrbedarf bei Hilfe zum Lebensunterhalt 24 I
Eingliederungshilfe für — 39 ff.

Blindenhilfe 67
Anzeigepflicht von Hebammen, Lehrern usw. 124 II
Wegfall der ärztlichen Schweigepflicht 124 III

Bundesanstalt für Arbeitsvermittlung und Arbeitslosenversicherung
— bei Hilfe zum Lebensunterhalt 18 II
— bei Ausbildungshilfe 35
— bei Eingliederungshilfe 46 II

D

Darlehn
— bei Hilfe zur Sicherung der Lebensgrundlage 30 III
— bei Ausbildungshilfe 34
— bei Einsatz des Vermögens 89
— bei der Tuberkulosehilfe zur Wohnraumbeschaffung 56

E

eheähnliche Gemeinschaft 122

Eilfall
Gewährung der Hilfe durch andere im — 121

Ehegatte des Hilfesuchenden
Einsatz von Einkommen und Vermögen 11, 28
Kostenbeitrag 29
Kostenersatz 92
Überleitung von Ersatzansprüchen 140

Eingliederungshilfe 39 ff.

Einkommen, Begriff 76, 77
Einsatz des — 84 ff.

einmalige Leistungen zum Lebensunterhalt 21

Einrichtungen der Sozialhilfe 93, 94 II

Einsetzen der Sozialhilfe 5

Einzelfall, Berücksichtigung der Besonderheiten des Einzelfalles 3 I

Eltern des Hilfesuchenden
Einsatz von Einkommen und Vermögen 11, 28
Kostenbeitrag 29
Kostenersatz 92
Überleitung von Ersatzansprüchen für Hilfe an Kinder 140

Erben, Verpflichtung zum Kostenersatz 92

Erholungsmaßnahmen bei der vorbeugenden Gesundheitshilfe 36 II

Ernährungszulage
bei Hilfe für werdende Mütter 38 II

bei Tuberkulosehilfe 53 II

Erstattung von Aufwendungen anderer durch Sozialhilfeträger 121

Erwerbstätigkeit, Mehrbedarf bei der Hilfe zum Lebensunterhalt 23, 24

Erwerbsunfähigkeit, Mehrbedarf bei der Hilfe zum Lebensunterhalt 23

Evakuierte, Kostenersatz und Inanspruchnahme als Unterhaltspflichtiger 149

F

Fachkräfte bei Durchführung des Gesetzes 102

Familie
familiengerechte Hilfe 7
Familiennotgemeinschaft 16
Mehrbedarf für kinderreiche Familie bei Hilfe zum Lebensunterhalt 23 II
Familienzuschlag bei Berechnung der Einkommensgrenze 79, 80, 82
Familienheim bei Einsatz des Vermögens 88 Ziff. 7

Finanzbehörden, Auskunftspflicht 117

Form der Sozialhilfe 3, 4 II, 8

freie Arztwahl 37 IV

freie Wohlfahrtspflege
Beratung durch — 8 II
Pflicht zur Zusammenarbeit und Unterstützung der — 10 II, III
Absehen von eigenen Maßnahmen bei Hilfe durch — 10 IV
Übertragung von Aufgaben an — 10 V
Anrechnung von Zuwendungen der — 78 I
Einrichtungen der — 93

freiwillige Leistungen anderer, Anrechnung auf Sozialhilfe 78 II

G

Gebührenfreiheit 118, 150

Gefährdete, Hilfe für — 72 ff.

Geisteskranke 37, 100, 130

geistige Behinderung 39 II

Geldleistung 8 I, 10 IV, 30 III

Gemeinden, Zuständigkeit 96 I

gerichtliches Verfahren
bei Unterbringung in einer Arbeitseinrichtung 26
bei Gefährdetenhilfe 73

Gerichtskosten, Kostenfreiheit 118, 150

Gesamtplan bei Eingliederungshilfe 46

Gesundheitsamt 36 III, 46 II, 63, 64, 124 II, 126, 133

Gesundheitshilfe, vorbeugende 36

Gutachten, ärztliches 36 II, 125

H

Haftvollzug bei Tuberkulosehilfe 54, 131

Hausgrundstück bei Einsatz des Vermögens 88 II Ziff. 7

Haushalt
Hilfe zur Weiterführung des — 70
im Rahmen der Tuberkulosehilfe 56 I

Haushaltsgemeinschaft 16, 119 II

häusliche Pflege 69
— bei der Tuberkulosehilfe 49 II Ziff. 6

Hausrat 12, 88 II Ziff. 3

Hausstand, Vermögen zur Gründung eines — 88 II Ziff. 1

Hebammen, Benachrichtigungspflicht bei Geburt körperbehinderter Kinder 124 II

Hebammenhilfe für werdende Mütter 38 II

Heilbehandlung
bei Krankenhilfe 37
für werdende Mütter 38
für Behinderte 40
für Tuberkulosekranke 48

Heizung 12 I

Hilfe anderer Behörden

keine Versagung im Hinblick auf
das BSHG 2 III
Anrechnung auf Sozialhilfe 78

Hilfe für Gefährdete 72 ff.

Hilfe für werdende Mütter und
Wöchnerinnen 38
Mehrbedarf bei Hilfe zum Lebens-
unterhalt 23

Hilfe in besonderen Lebenslagen
Arten 27 ff.
Einkommensgrenze 79 ff., 28
Einsatz des Vermögens 88
Kostenbeitrag 29
Inanspruchnahme von Unterhalts-
pflichtigen 91, 90
Kostenersatz 92

Hilfeempfänger
Mitteilungs- und Mitwirkungs-
pflicht 115
Auskunftspflicht 116 I
Weisungen an — bei der Tuber-
kulosehilfe 64

Hilfe zum Lebensunterhalt 11 ff.
Einsatz des Vermögens 88
Inanspruchnahme Unterhalts-
pflichtiger und anderer Ver-
pflichteter 90, 91
Kostenersatz 92

Hörgeschädigte
Hilfe für — 39
Anzeigepflicht von Hebammen usw.
124 II
Wegfall der ärztlichen Schweige-
pflicht 124 III

I

Individualisierungsgrundsatz 3 I, 22 I

K

Kannleistung
Hilfe in anderen besonderen
Lebenslagen 27 III
Hilfe zum Aufbau oder zur Sicherung der Lebensgrundlage 30
— im Rahmen der Tuberkulosehilfe 56, 57

Kinder
Mehrbedarf bei Hilfe zum Lebens-
unterhalt 23 I
Erholungsmaßnahmen 36 II
Einsatz von Einkommen und Ver-
mögen der Eltern 11, 28, 79 II

Kindergärtnerinnen
Anzeigepflicht bei körperbehinderten Kindern 124 II

Kinderreiche Familie
Mehrbedarf bei Hilfe zum Lebensunterhalt 23 II

Körperbehinderte
Hilfe für — 39 ff.
Anzeigepflicht von Hebammen,
Lehrern usw. 124 II
Wegfall der ärztlichen Schweige-
pflicht 124 III

Körperersatzstücke
für Körperbehinderte 40
für Tuberkulosekranke 49, 50

Kostenbeitrag des Hilfesuchenden
oder der Angehörigen
— bei Hilfe in besonderen Lebenslagen allgemein 29
— bei Gefährdetenhilfe 74
— bei Sonderleistungen im Rahmen der Hilfe zum Lebens-
unterhalt 11 II
— bei Eingliederungshilfe 43
— bei Tuberkulosehilfe 58

Kostenersatz 92
— Pflicht des Ersatzpflichtigen zur
Auskunft 116

Kostenerstattung durch Unterhaltspflichtige 90, 91

Kostenerstattung zwischen Trägern
der Sozialhilfe 103 ff.

Kostentragung durch den Bund bei
der Tuberkulosehilfe 66

Krankenhausbehandlung
— bei der Krankenhilfe 37
— bei der Eingliederungshilfe 40
— bei der Tuberkulosehilfe 49

Krankenhilfe 37

— für Ausländer und Staatenlose 120

Krankenversicherungsbeiträge, Übernahme von — 13

L

Länder
Festsetzung der Regelsätze 22 III
Bestimmung der Sozialhilfeträger 96
Behördenbestimmung durch Landesregierungen 151

Landesarzt 46 II, 50, 125

Lebensunterhalt
Hilfe zum Lebensunterhalt 11 ff.
bei Hilfe in besonderen Lebenslagen in einer Anstalt 27 III
bei Ausbildungshilfe 33
bei Eingliederungshilfe 41, 42
bei Tuberkulosehilfe 51 ff.

Lehrer
Anzeigepflicht bei körperbehinderten Kindern 124 II

Leistungen
einmalige — zum Lebensunterhalt 21 II
Anrechnung von zweckbestimmten Leistungen anderer auf Sozialhilfe 77

M

Mehrbedarf
bei gemeinnütziger Arbeit 19 II
bei Gewöhnung an Arbeit 20 II
allgemeiner — 22 I
für Alte, Erwerbsunfähige und werdende Mütter 23 I
für Kinderreiche 23 II
für Erwerbstätige 23 III
bei Ausbildungshilfe 33 II
bei Eingliederungshilfe 41, 42
bei Tuberkulosehilfe 53 II

Mitteilung bei beabsichtigter Überleitung von Unterhaltsansprüchen 91 II

Mitteilungspflicht des Hilfeempfängers 115

Müttergenesungsheim 36 II

N

Nachbarschaftshilfe
bei Hilfe zur Pflege 69 II
bei Hilfe zur Weiterführung des Haushalts 70 III

Nichtseßhafte
Hilfe zum Lebensunterhalt für — 17
Gefährdetenhilfe für — 72 II

O

Ordnungswidrigkeit
Arbeitgeber verletzt Pflicht zur Auskunft 116 IV

Operation, Duldung der — bei Tuberkulosehilfe 64 I, 136 I

orthopädische Hilfsmittel
bei der Eingliederungshilfe 40
bei der Tuberkulosehilfe 49

P

Pflege, Hilfe zur — 68 ff.

pflichtwidrige Handlungen des Sozialhilfeträgers, Kostenerstattungspflicht 107

R

Rechtsanspruch auf Sozialhilfe 4 I

Regelsätze
Regelsatzverordnung 22 II
Festsetzung der Regelsätze 22 III, 114 I

S

Sachleistungen 8 I

Schulausbildung
bei Ausbildungshilfe 31 ff.
bei Eingliederungshilfe 40
bei Tuberkulosehilfe 50 II

Schweigepflicht, Einschränkung der ärztlichen — bei behinderten Kindern 124 IV seelische Behinderung 39 II

Selbsthilfe 2 I, 7

Selbstverwaltungsangelegenheit,
Sozialhilfe als — der Gemeinden 96 I

Soll-Leistung
Ausbildungshilfe 31 II
vorbeugende Gesundheitshilfe 36
Sonderleistungen der Tuberkulosehilfe 56
Hilfe zur Weiterführung des Haushalts 70
Hilfe für Gefährdete 72
Altenhilfe 75

Sowjetzonenflüchtlinge
Kostenersatz und Inanspruchnahme als Unterhaltspflichtiger 148

Sprachgeschädigte
Eingliederungshilfe für 39
Anzeigepflicht von Hebammen usw. 124 II
Wegfall der ärztlichen Schweigepflicht 124 III

Staatenlose, Sozialhilfe für — 120

Suchtkranke, Zuständigkeit bei Anstaltsunterbringung 100 I

T

Taschengeld 21 III
Wegfall von — bei Blinden in Heimen 67 V

Taubheit, siehe Hörgeschädigte

Träger der Sozialhilfe
örtliche Träger 96 I
überörtliche Träger 96 II
Schaffung von Einrichtungen 93
Arbeitsgemeinschaften 95
Verhältnis zur freien Wohlfahrtspflege 8 II, 10, 93
Kostenerstattung zwischen — 103 ff.
Schiedsstelle für Kostenerstattung bei Übertritt aus dem Ausland 108 II, 147
Zusammenarbeit mit Trägern anderer Sozialleistungen 94

Tuberkulosehilfe
durch Träger der Sozialhilfe 48 ff.
durch andere Stellen 127 ff.

U

Übergang von Unterhalts- und Rentenansprüchen 90, 91, 140

Umschulung
bei Hilfe zum Lebensunterhalt 25 II
bei Eingliederungshilfe 40
bei Tuberkulosehilfe 50 II

Unterbringung
in einer Arbeitseinrichtung bei Hilfe zum Lebensunterhalt 26
bei Gefährdetenhilfe 73
sonstige Unterbringung 3 III, 27 III

Unterhaltspflicht, Übergang von Unterhaltsansprüchen 2 II, 90, 91

unwirtschaftliches Verhalten bei der Hilfe zum Lebensunterhalt 25 II

V

Verbände der freien Wohlfahrtspflege, siehe Wohlfahrtspflege

Verfahren bei Gewährung von Sozialhilfe 114 ff.

Vermögen
Einsatz des — bei Hilfe zum Lebensunterhalt 11, 88
Einsatz des — bei Hilfe in besonderen Lebenslagen 28, 88

Vertriebene
Kostenersatz und Inanspruchnahme als Unterhaltspflichtiger 148

vorbeugende Hilfe allgemein 6 I
vorbeugende Gesundheitshilfe 36
vorbeugende Eingliederungshilfe 39 III
vorbeugende Tuberkulosehilfe 57

Vorsorgeuntersuchungen
bei der vorbeugenden Gesundheitshilfe 36
für werdende Mütter und Wöchnerinnen 38

Stichwortverzeichnis

W

Weisungen im Rahmen der Tuberkulosehilfe 64, 136

werdende Mütter
Mehrbedarf für — bei Hilfe zum Lebensunterhalt 23
Hilfe für — 38

Widerspruchsbescheid bei Versagung von Sozialhilfe
Zuständigkeit 96 II
Beteiligung sozial erfahrener Personen 114 II

Wohnungsfürsorge
bei der Tuberkulosehilfe 56
bei der Altenhilfe 75

Wünsche des Hilfesuchenden 3 II, III

Z

zahnärztliche Behandlung
bei der Krankenhilfe 37
bei der Tuberkulosehilfe 49

Zuständigkeit der Sozialhilfeträger
örtliche — 97 ff.
sachliche — 99 ff.

Zuwendungen, Anrechnung von — der freien Wohlfahrtspflege und anderer Stellen 78 I, II

zweckbestimmte Leistungen, keine Anrechnung auf Sozialhilfe 77

Regelsätze nach § 22 BSHG im Bundesgebiet und in Berlin (West)
Stand: 1. Juni 1966

Gültig ab	Land	Haushaltsvorstände und Alleinstehende (Eckregelsatz) DM monatl.	Haushaltsangehörige im Alter von . . . . . Jahren				Bemerkungen
			unter 7 DM monatl.	7 bis unter 14 DM monatl.	14 bis unter 18 DM monatl.	18 und mehr DM monatl.	
1	2	3	4	5	6	7	8
1. 1. 1966	**Baden-Württemberg** Stuttgart, Städte über 100 000 Einwohner bis 500 000 Einwohner, Stadtkreise bis 100 000 Einwohner u. Landkreis	131,— 125,— 122,—	65,— 60,— 58,—	98,— 91,— 88,—	117,— 109,— 106,—	105,— 97,— 94,—	
1. 6. 1966	**Bayern** Mindestregelsätze	120,—	54,—	84,—	102,—	90,—	Vom Staatsminister des Innern festgesetzte Mindestsätze a)
1. 1. 1965	**Bremen**	120,—	60,—	85,—	102,—	90,—	
1.12. 1965	**Hamburg**	129,—	63,—	90,—	111,—	98,—	
1. 6. 1966	**Hessen**	130,—	65,—	98,—	117,—	104,—	
1.12. 1965	**Niedersachsen** Hannover, alle anderen Gemeinden	126,— 122,—	60,— 58,—	90,— 88,—	110,— 107,—	100,— 97,—	
1. 10. 1965	**Nordrhein-Westfalen** Höchstsatz, Mindestsatz	128,— 123,—	40-45% des Eckregels. (Spalte 3)	70-75% des Eckregels. (Spalte 3)	85-90% des Eckregels. (Spalte 3)	75-80% des Eckregels. (Spalte 3)	Vom Arbeits- und Sozialministerium empfohlene Sätze a)
1. 3. 1966	**Rheinland-Pfalz** Höchstbeträge Mindestbeträge	125,— 117,—	62,— 58,—	88,— 82,—	107,— 100,—	100,— 93,—	Vom Sozialministerium festgesetzte Mindest- und Höchstsätze a)
1. 6. 1965	**Saarland**	120,—	57,—	87,—	105,—	98,—	
1. 11. 1965	**Schleswig-Holstein**	120,—	58,—	85,—	102,—	92,—	
1. 1. 1966	**Berlin (West)**	128,—	61,—	90,—	109,—	102,—	

a) Die Höhe der Regelsätze wird vom örtlichen Träger der Sozialhilfe festgesetzt

Printed by Libri Plureos GmbH
in Hamburg, Germany